LES MINES D'OR

DE

L'AFRIQUE DU SUD

TROISIÈME ÉDITION

Contenant

QUATRE CARTES HORS TEXTE
ET QUINZE FIGURES DANS LE TEXTE

PAR

HENRY DUPONT

De la Maison LEMAIRE, DUPONT & Cie

Prix : **2 francs**

Publié par

LEMAIRE, DUPONT & Cie

30, rue Bergère, à Paris

—

1893

NÉGOCIATION SPÉCIALE DES VALEURS MINIÈRES

LA MAISON
LEMAIRE, DUPONT & CIE

Société en Commandite par Actions entièrement libérées

CAPITAL : 750,000 FRANCS

Se charge des Opérations suivantes :

ACHAT ET VENTE

DE

Toutes les Valeurs cotées ou non cotées

Moyennant le courtage officiel

NÉGOCIATION SPÉCIALE

DES

VALEURS SUD-AFRICAINES

(Correspondants directs au Transvaal)

RENSEIGNEMENTS GRATUITS

Vérification des Tirages — Souscription aux Tirages
Échanges de Titres
Production aux Faillites — Encaissement de Coupons

LE TOUT GRATUITEMENT

Pour les Clients habituels de la Maison

LES FONDS PEUVENT ÊTRE ENVOYÉS

En Billets de Banque, Chèques ou Effets sur Paris, sous Lettre chargée ou recommandée et par versement dans toutes les Succursales de la Banque de France au crédit de :

LEMAIRE, DUPONT & CIE

Adresse télégraphique : **ERIAMEL**, Paris

TÉLÉPHONE

10°   40°

Gaboon R.

EQUATOR   EQUATOR

M⁺ Elgon

R. Ogowe

M⁺ Kenia   R. Tana

FRANCAIS

Wxtu

Kailu R.

Manjaro

Leopoldville

Mombasa
Wanga Utha

Chiloango R.

Cabinda Boma   Manjan

R. Ruvu

Pemba I.

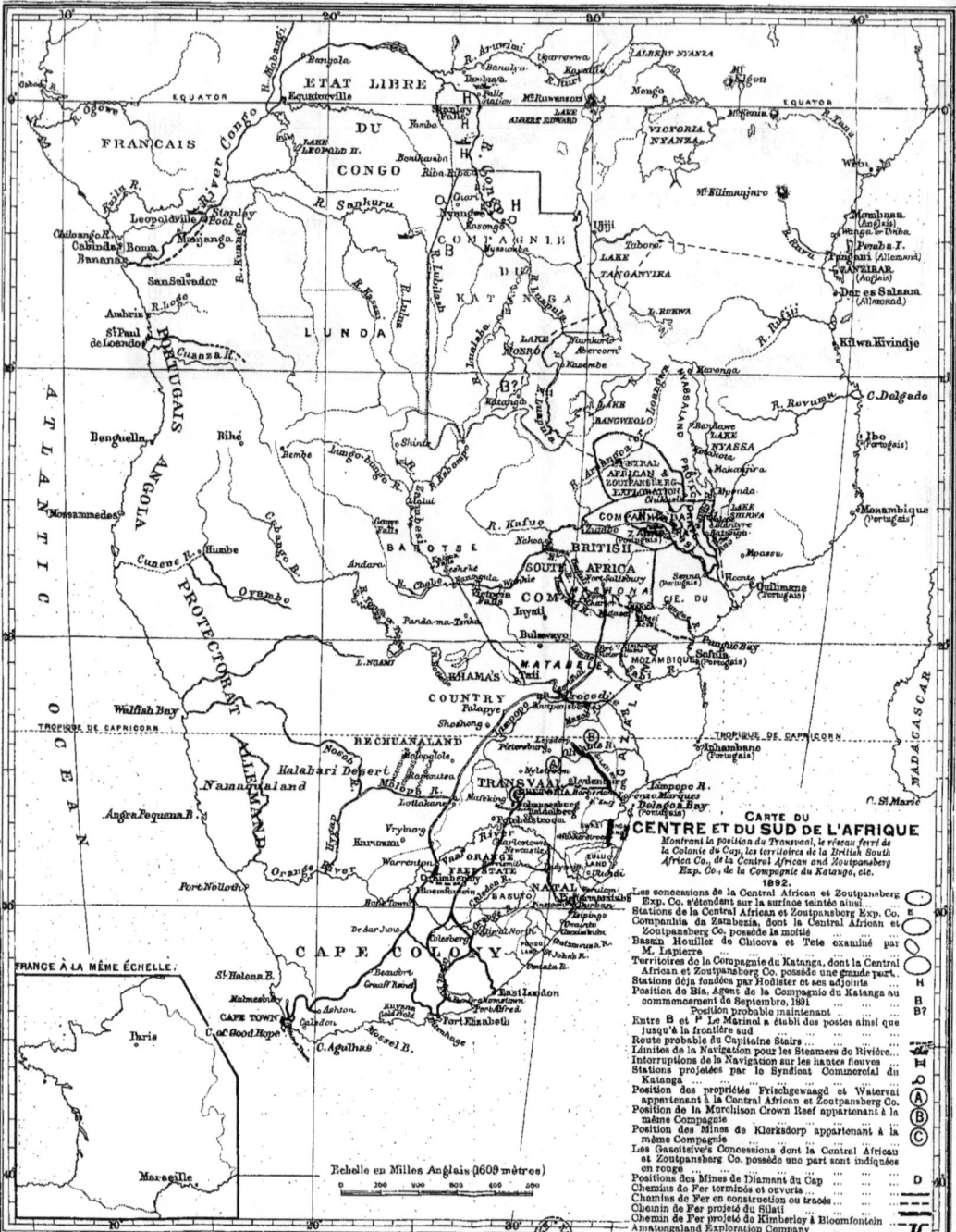

CARTE DU
CENTRE ET DU SUD DE L'AFRIQUE

Montrant la position du Transvaal, le réseau ferré de
la Colonie du Cap, les territoires de la British South
Africa Co., de la Central African and Zoutpansberg
Exp. Co., de la Compagnie du Katanga, etc.

1892.

Les concessions de la Central African et Zoutpansberg Exp. Co. s'étendent sur la surface teintée ainsi...	◯ E
Stations de la Central African et Zoutpansberg Exp. Co.	◯ E
Compagnie de Zambezia, dont la Central African et Zoutpansberg Co. possède la moitié	◯
Bassin Houiller de Chicova et Tete examiné par M. Lapierre	◯
Territoires de la Compagnie du Katanga, dont la Central African et Zoutpansberg Co. possède une grande part.	H
Stations déjà fondées par Hodister et ses adjoints	B
Position de Bia, Agent de la Compagnie du Katanga au commencement de Septembre, 1891	B?
Position probable maintenant	
Entre B et P Le Marinel a établi des postes ainsi que jusqu'à la frontière sud	
Route probable du Capitaine Stairs	
Limites de la Navigation pour les Steamers de Rivière...	H
Interruptions de la Navigation sur les hautes fleuves	
Stations projetées par le Syndicat Commercial du Katanga	
Position des propriétés Frischgewaagd et Waterval appartenant à la Central African et Zoutpansberg Co.	Ⓐ
Position de la Murchison Crown Reef appartenant à la même Compagnie	Ⓑ
Position des Mines de Klerksdorp appartenant à la même Compagnie	Ⓒ
Les Gasolitsive's Concessions dont la Central African et Zoutpansberg Co. possède une part sont indiquées en rouge	D
Positions des Mines de Diamant du Cap	
Chemins de Fer terminés et ouverts	
Chemins de Fer en construction ou tracés	
Chemin de Fer projeté du Silati	
Chemin de Fer projeté de Kimberley à Bloemfontein	
Amatongaland Exploration Company	

FRANCE À LA MÊME ÉCHELLE.

Paris

Marseille

Echelle en Milles Anglais (1609 mètres)
0   200   400   600   800

London, Stanfords Geog¹ Estab¹

LES

MINES D'OR

DE L'AFRIQUE DU SUD

LES
MINES D'OR
DE
L'AFRIQUE DU SUD

<hr/>

TROISIÈME ÉDITION

Contenant

QUATRE CARTES HORS TEXTE
ET QUINZE FIGURES DANS LE TEXTE

PAR

HENRY DUPONT

De la Maison LEMAIRE, DUPONT & Cie

<hr/>

Publié par

LEMAIRE, DUPONT & Cie
30, rue Bergère, à Paris

—

1893

NÉGOCIATION SPÉCIALE DES VALEURS MINIÈRES

TABLE DES MATIÈRES

TROISIÈME PARTIE

Le District ou Champ d'Or du De Kaap.

QUATRIÈME PARTIE

Notions sur le mode d'exploitation des Mines d'or du Transvaal et sur le traitement des minerais aurifères.

CINQUIÈME PARTIE

Les Compagnies de Terrains et d'Exploitation.

SIXIÈME PARTIE

Études sur diverses Compagnies.

Voir page 12, la notice sur le

MODE DE NÉGOCIATION

DES

VALEURS SUD-AFRICAINES

CAPITAL NOMINAL £	£ ACTIONS DE	NOMBRE D'ACTIONS ÉMISES	SITUATION DE LA PROPRIÉTÉ	NOMBRE DE PILONS	DERNIERS DIVIDENDES PAYÉS
					MINES
					DISTRICT DE
65.000	1	50.000	20 Claims ferme Paardekraal...	20	1.25 Juil., 1.25 août 92.
300.000	1	198.000	88 Claims Roodepoort..........	20	Mars 1889, 2.50.
95.000	1	95.000	104 Claims Paarde Kraal......	30	"
150.000	1		40 Cls Kleinletaba Zoutpansberg	10	0.625 août, 1 25 sept. 92.
300.000	1	291.125	135 Claims ferme Luipaardsvlei	40	"
135.000	1	120.000	43 Claims ferme Witpoortje....	40	2.50 janvier 1892.
60.000	1	60.000	27 Claims Heidelberg........	25	1.25 juin, 2.50 sept. 92.
85.000	1	65.000	24 Claims ferme Dornfontein...	50	Janvier 90, 1.87.
46.000	1	46.000	16 1/2 Claims ferme Langlaagte	10	1.25 mai 92. 1.25 août 92.
120.000	1	120.000	19 Claims ferme Langlaagte....	90	7.50 avril. 6.25 oct. 92.
135.000	1	99.970	343 Acres and 23 Cl. f.Roodepoort	70	2.50 juin. 2.50 nov. 92.
80.000	1	66.000	39 Claims Roodepoort..........	25	"
45.000	1	43.292	11 Cl. M.R. et 9 deep. Cl.Turffontein	40	31.25 en 92. 8.75 Janv. 93.
175.000	1	175.000	190 Acres Elandsfontein	60	3.75 janvier. 2.50 sept.92.
150.000	1	150.000	12 Claims Elandsfontein	15	"
200.000	1	200.000	12 Claims ferme Dreifontein....	50	"
150.000	1	450.000	10 Claims ferme Turffontein....	10	"
100.000	1	100.000	34 Claims Main Reef..........	70	"
85.000	1	73.250	39 Claims Doornfontein	25	1889, 3.75.
30.000	1	26.000	10 1/2 Claims ferme Kleinfontein	15	1.25 juillet, 3.75 oct. 92.
100.000	1	100.000	39 Claims Doornfontein........	100	1889, 2.50.
100.000	1	100.000	27 Claims ferme Turffontein....	55	"
250.000	1	250.000	60 Claims Driefontein..........	100	Bonus mars 1889, 18.75.
450.000	1	447.000	31 Claims 200 acres f. Langlaagte	180	1.25 janv.. 2.50 juil. 92.
550.000	1	535.000	30 Claims Langlaagte	80	"
100.000	1	65.444	46 3/4 Claims Langlaagte.	60	"
320.000	1	302.500	15 3/4 M.R. et 6 1/2 Acs. ferme Langlaagte.......	40	"
350.000	1	225.000	5.000 Acres ferme Luipaardsvlei	20	Nov. 1890, 0.75 0/0.
300.000	1	295.000	35 Claims ferme Paardekraal...	50	"
175.000	1	159.300	24 Claims Elandsfontein........	30	"
450.000	1	430.000	24 Claims Elandsfontein........	70	"
200.000	1	200.000	6.000 Acs. Modderfontein.......	25	"
60.000	1	60.000	14 Cls. Elndsfntn. 10 1/4 M.R.	40	Novembre 1888, 1.25 0/0.
50.000	1	50.000	13 Claims Doornfontein........	"	"
64.500	1	63.800	12 Acres ferme Doornfontein...	30	5. " juil., 6.25 Jan., 93.
75.000	1	71.500	224 Acs. Ferm Paardekraal....	10	"
60.000	1	60.000	30 Cls. ferme Paardekraal......	"	1.25 juin, 1.25 nov. 92.
175.000	1	173.637	51 Cls. Elndsfntn. et Turff....	100	1.87 juill. 1.87 sept. 92.
160.000	1	159.895	5.600 Acrs. Yarkensfontein....	20	25 April. 6.25 June 92
450.000	1	450.000	Mynpacht Lang et ParlPre....	40	"
21.000	1	21.000	8 1/2 Claims ferme Turffontein..	20	3.10 sept. 92, 3.10 janv., 93.
80.000	1	80.000	400 acs Roodpt. et Frm MR....	30	"
2.000.000	1	1.966.500	Waterval Witvalfontein Randfontein, et c.................	25	"
160.000	1	150.000	68 cls et 5000 acs. Rietfontn....	20	"
2.750.000	1	543.750	220 Acres ferme Turffontein....	60	"
35.000	1	35.000	1 Claim ferme Turffontein	10	1 25 janv., 3.75 juin 92.
100.000	1	70.300	15 Claims ferme Turffontein....	70	"
85.000	1	83.000	1.2000 Acs Elandsfontein	100	7.50 novembre 92
			21 1/2 Claim M. R.............		2.50 août, 2.50 nov. 92.

BUREAUX DE TRANSFERT A LONDRES	NOMS DES COMPAGNIES	PLUS HAUT COURS ATTEINT	DERNIERS COURS FIN NOVEMB.	AUTRES DÉTAILS Voir :

WITWATERSRAND (*Suite*)

24, N. John S, Liverpool	Spes Bona (New) 18/6pd.	175. »	45. »	
1, Crosby Square.....	Stanhope (New)........	225. »	92. »	Pages 64, 84, 91, 92, 93.
8, Old Jewry..........	Teutonia..............	35. »	45. »	
Warnford Court.....	United M. Rf Roodep'rt.	65. »	55. »	Pages 64, 86.
1, Crosby Square....	Van Ryn (New)........	60. »	42. »	Pages 64, 86.
8, Old Jewry..........	Village Main Reef.....	»	120. »	Page 86.
19, Bury Street.......	Wemmer...	400. »	120. »	Pages 64, 87, 91, 92, 92.
Warnford Court.....	Wolhuter............	156.25	82. »	Pages 64, 87.
8, Old Jewry.........	Worcester.....	50). »	40. »	Pages 64, 87, 88, 93.

DE KAAP

15, Queen Street.....	Edwin Bray..........	60. »	7.50	»
45, et 46, Leadenhall St	Forbes Reef..........	32. »	8.75	»
St. Michael's Alley...	Oriental et Sheba,....	»	5 »	»
6, Queen Street Place {	Piggs Peak...........	55. »	2.50	»
	Do. Pref..........	25. »	5. »	»
18, St. Helen's Place.	Sheba.....	47. »	30. »	Page 146.

DIVERSES

DE TERRAINS ET AUTRES

»	Emprunt du Transwal 5 0/0	93. »	98. »	»
Portland House, Basing-hall street EC.	Central African and Zoutpansberg Exploration Co....	»	11.25	Page 122.
19, St. Swithins Lane.	British South Africa Chartered Co........	100. »	42. »	Page 122.
8, Old Jewry	Goldfields of South Africa Consolidated..	162.50	67. »	»
15, A. Bury Str. St.	Horo concession	62.50	3. »	»
Warnford Court.....	Johannesburg Estate..	»	27.50	»
	Johannesburg Tramway	»	12.50	»
15, A. Bury str. {St. Mary axe..........	Johannesburg Waterwork	62.50	35. »	»
83, Hatton Garden....	Katanga actions privil.	»	750. »	Page 123.
»	Act. ordinaires........	»	5 10. »	
8, Old Jewry........	Moodies 15 sh. versés....	92.50	20. »	Page 100.
»	— libérées........	75. »	12. »	
73, Cornhill..........	National Bank of the South African Republic...	»	262.50	»
34, Nicholas Lane....	Oceana................	500. »	82.50	»
30, St. Swithin's Lane.	Exploration Company, 4 sh. versés..........	75. »	45. »	»
1, Crosby Square....	Exploring Company....	250. »	115. »	»
33, Cornhill..........	Transvaal Land	150. »	15. »	»
Broad str. House.....	Transvaal Coal Trust...	»	15. »	»
184, Gresham House..	South African General Syndicate. Act. Privilégiées...............	»	12.50	»
»	Act. ordinaires..... ...	»	6.25	

NOTICE

SUR LE MODE DE NÉGOCIATION DES VALEURS SUD-AFRICAINES

Toutes les compagnies figurant sur la liste ci-contre sont enregistrées, soit sous les lois anglaises, soit sous les lois du Transvaal, qui limitent la responsabilité de l'actionnaire au capital nominal du titre.

La plupart de ces valeurs se négocient simultanément à la Bourse de Londres et à celle de Johannesburg. Plusieurs d'entre elles se traitent en outre à Paris, par exemple : *Robinson, Champ d'Or, Bechuanaland, Central african*, etc. Il est probable que de nouvelles compagnies seront prochainement introduites sur notre place et bénéficieront ainsi d'un triple marché.

Les actions, sauf quelques rares exceptions, sont au capital nominal de £1 (25 f. 25).

Certaines compagnies, enregistrées sous les lois anglaises, telles que le *Champ d'Or, Bechuanaland, Central african, Durban Roodepoort*, etc., délivrent des titres au porteur en payant les frais de conversion ; mais le plus généralement les actions sont *nominatives* ; jusqu'ici la loi du Transvaal ne permet pas qu'il en soit émis d'autres.

Les titres nominatifs s'échangent par voie de transfert ; l'opération du transfert est aussi simple et aussi peu compliquée que possible Soit pour vendre, soit pour acheter, il suffit de signer une feuille *ad hoc* établie par le courtier. L'acheteur et le vendeur signent sur la même feuille. Ces feuilles s'envoient simplement par la poste. Après les signatures, on les adresse au bureau de la Compagnie pour faire enregistrer le transfert. L'établissement du certificat au nom du nouvel acheteur demande un certain délai qui est rarement inférieur à une quinzaine.

Une fois inscrit sur les registres de la Compagnie, chaque actionnaire reçoit régulièrement par la poste les rapports mensuels, comptes rendus d'assemblées et généralement toutes les communications intéressant la compagnie.

De même pour les dividendes, chaque actionnaire reçoit directement par la poste en un chèque à son ordre en livres sterling le montant de ce qui lui revient (voir encore page 94).

La possession d'un certificat nominatif de valeurs Sud-Africaines a sur celle d'un titre au porteur le grand avantage que rien d'important ne se passe dans la Compagnie sans que l'actionnaire n'en soit personnellement et directement prévenu sans retard.

LA MAISON

LEMAIRE, DUPONT ET Cie

30, rue Bergère, à Paris.

Se charge spécialement de la négociation des valeurs Sud-Africaines, des transferts, du paiement des chèques de dividendes.

CORRESPONDANTS DIRECTS AU TRANSVAAL

Renseignements gratuits.

Lire chaque semaine dans le journal de la maison :

Revue du marché, cote et appréciations sur les valeurs Sud-Africaines; Dernières nouvelles des mines, productions, dividendes, etc.

Traduction des rapports mensuels, comptes-rendus d'assemblées, documents divers envoyés par les Compagnies, etc.

ENVOI GRATUIT DE NUMÉROS D'ESSAI SUR DEMANDE.

PRÉFACE

DE LA TROISIÈME ÉDITION

Le développement extraordinaire de l'industrie aurifère au Transvaal, prédit par nous, dès l'origine des découvertes, dans une première petite brochure en 1888, puis longuement commenté dans un fort volume in-8° en 1890, s'est poursuivi depuis lors, surtout depuis douze mois, par bonds si prodigieux, qu'il devient nécessaire de mettre notre ouvrage à jour par la publication de nombreux documents nouveaux.

C'est d'ailleurs le but que nous nous sommes proposé antérieurement et nous disions dans la préface de notre deuxième édition (1890) : « Notre pensée a été de créer un cadre dans lequel, au fur et à mesure du développement du Transvaal et des pays voisins, nous intercalerons tous les documents nouveaux de manière à mettre notre ouvrage à jour, comme une sorte d'annuaire, soit tous les ans, soit à des intervalles plus éloignés, suivant la marche des événements. »

Cette *Troisième édition* devait, dans nos projets, comprendre, comme *septième partie*, une monographie par ordre alphabétique de chacune des principales Compagnies sud-africaines. Mais un certain nombre de documents nous ayant fait défaut, nous avons dû remettre à une date ultérieure la publication de ce travail. Nous nous bornons à donner à la fin de ce volume une étude des différentes Compagnies : le *Champ d'Or*, la *Sheba*, la *Central African.*

A une époque comme la nôtre, où l'horizon du marché financier français est si restreint, où les caisses regorgent de capitaux qui ne savent comment s'employer, nous pensons faire une œuvre utile en dirigeant l'attention de l'épargne française sur une contrée neuve qui, sortie victorieuse des crises de l'enfance, entre aujourd'hui, sans aucun doute, dans une ère de prospérité colossale.

INTRODUCTION

Le Passé, le Présent, et l'Avenir de l'Industrie aurifère

AU SUD DE L'AFRIQUE (1)

L'histoire des entreprises aurifères Sud-Africaines se divise en trois périodes :

1° Du début (1885 à 1889), période des découvertes qui tournent les têtes et provoquent une folie de spéculation.

2° De 1889 au milieu de 1891, période de crise aiguë et de découragement faisant la contre-partie de la première.

3° De fin 1891 jusqu'à ce jour, période de relèvement et commencement d'une ère de grande prospérité.

On verra plus loin comment l'or a été trouvé au Transvaal, d'abord dans le nord, district de Lydenburg, puis dans le district de De Kaap, puis enfin dans le district de Witwatersrand.

Les découvertes du district de Lydenburg (de 1875 à 1880) donnèrent de mauvais résultats, moins à cause de la rareté de l'or que par suite des difficultés de l'exploitation. Un certain nombre de Compagnies, lancées en Angleterre, firent faillite, mais sans beaucoup de retentissement, et l'histoire du marché des

---

(1) D'après l'opuscule de M. Félix Abraham paru récemment.

mines d'or du Transvaal ne commence guère, pour le grand public,
qu'avec la découverte du district de De Kaap en 1886 et
surtout celle de la mine de *Sheba*.

Des échantillons de cette mine, ayant été envoyés à l'a-
nalyse en Angleterre, donnèrent 13, 20 et jusqu'à 47 onces
d'or à la tonne (1,180 fr., 1,820 fr. et 4,500 fr.).

Dès que la nouvelle de ces merveilleux résultats fut connue,
toute la colonie des chercheurs fut sur pied et dans chaque
pierre tout le monde crut voir de l'or. Une fièvre de spéculation s'empara du Sud de l'Afrique et gagna bientôt l'Angleterre. Des Compagnies se créèrent sur tous les terrains dans
un vaste rayon autour de la *Sheba*, comme si tous devaient
contenir le prolongement de son merveilleux filon. Les actions
à peine émises montaient à des primes fantastiques. Une Bourse
se forma à Barberton et donna le ton au Stock Exchange de
Londres. C'est ainsi que, à la fin de 1886, les actions de £ 1
s'échangeaient : celles de la *Sheba* aux environs de £ 100, celles
de la *Kimberley Imperial* à £ 10, celles de l'*Oriental* à £ 20,
d'autres enfin à des primes variant entre 500 et 1,000 pour cent.

Cependant, un puissant syndicat de Londres, désireux de
s'éclairer sur la valeur réelle de la nouvelle Californie, avait
envoyé sur place un ingénieur américain de grande réputation, M. Gardner Williams (1). Son rapport fut désastreux pour
la spéculation. A l'exception de la *Sheba*, dont la richesse
l'émerveilla, quoique sous réserve de travaux considérables à
exécuter, il condamna toutes les Compagnies et provoqua une
panique qui, en quelques Bourses, précipita la *Sheba* à £ 20, la
Kimberley Imperial à 10 shillings et beaucoup d'autres à
zéro (2).

C'est dans ces conditions de démoralisation que les découvertes aurifères du district de Witwatersrand (septembre 1886
à juin 1887) trouvèrent les marchés financiers. On juge du
scepticisme qui les accueillit. Qu'était-ce d'ailleurs que cette
formation géologique absolument nouvelle dans le monde pour

---

(1) Avant M. Gardner Williams, un autre ingénieur, M. Johns, avait déjà
condamné la *Kimberley Imperial*.

(2) Il est aujourd'hui certain que le rapport de M. Gardner Williams a été fort
exagéré. Le district de De Kaap contient sans aucun doute de grandes richesses aurifères et lorsque le chemin de fer le traversera (d'ici deux ans environ), on peut s'attendre à voir l'exploitation recommencer dans ce district et devenir rémunératrice.

un gîte aurifère ? Il ne s'agissait ni de quartz, ni d'alluvions, mais de couches de cailloux roulés, cimentés ensemble comme un mortier et dans lequel l'or n'était même pas visible dans bien des cas ? Ces couches contenaient-elles le métal précieux en quantités rémunératrices ? Elles affleuraient à la surface, mais n'allaient-elles pas disparaître à une faible profondeur ? Puis, avec quelles machines les travailler, comment faire venir un matériel pesant, à près de vingt jours de chariot de la station de chemin de fer la plus proche (Kimberley) ?

Autant de raisons qui expliquent comment les Compagnies du Witwatersrand ne purent se former au début que très difficilement et avec des capitaux très petits (1) trouvés uniquement au sud de l'Afrique, tout appel aux capitalistes européens étant inutile.

Cependant les premiers résultats furent surprenants. L'une des couches (il y en avait cinq différentes et parallèles dans certains endroits) rendait jusqu'à trois onces (270 fr.) d'or à la tonne. Plusieurs Compagnies purent payer immédiatement des dividendes, ce qui est toujours le grand argument pour le public. On commença à croire au Rand, d'abord à Kimberley, — où, d'ailleurs, les affaires étaient brillantes et où des fortunes s'édifiaient en quelques mois à la suite des fusions entre les diverses Compagnies diamantifères, — puis à Cape-Town, puis à Londres, puis ensuite à Paris et en Allemagne.

C'est en mai 1887 que des relations personnelles nous firent connaître les premières découvertes et dirigèrent notre attention sur les entreprises aurifères du Transvaal dont nous avons été le premier apôtre en France dès cette époque et qui, depuis lors, n'ont point cessé de former l'une des branches spéciales des affaires de notre maison.

De tous les points de l'Afrique du Sud on affluait vers le Rand, on ouvrait des tranchées dans toutes les directions et, comme chaque jour on découvrait de nouvelles couches aurifères sur une longueur de près de cinquante kilomètres, l'enthousiasme grandit rapidement ; quantité de compagnies se formèrent,

---

(1) Voici le capital nominal de quelques Compagnies à l'origine : *Jubilee,* £ 15,000 ; *Wemmer* £ 10,000 ; *Worcester* £ 15,000 ; *Jumpers* £ 43,000 ; *Salisbury* £ 16,000 ; *Robinson* £ 50,000, etc.

malheureusement sans capitaux suffisants (1), ainsi que l'expérience le démontra bientôt.

Pendant tout l'été (septembre 1887 à mars 1888) on avait
exploité les couches à ciel ouvert et broyé à la hâte le minerai
de surface, rendu plus riche et plus facile à traiter par le contact
de l'air et donnant par suite des résultats de nature à fausser
les calculs pour l'avenir. Mais, avec l'hiver, vint la saison des
pluies ; les tranchées s'emplirent d'eau, alors qu'on n'avait pas
encore de pompes d'épuisement, et les travaux s'arrêtèrent en
provoquant une baisse sensible.

Il fallait évidemment renoncer à l'exploitation à ciel ouvert
et inaugurer des travaux miniers par puits et galeries suivant
les données de la science des mines ; il fallait construire des
habitations pour les ouvriers, il fallait acquérir un matériel
considérable, il fallait, en un mot, un capital de premier établissement, et c'est ce qui manquait à toutes les compagnies.

Des émissions d'actions nouvelles devinrent urgentes ; mais
à qui les offrir ? Les marchés d'Europe n'étaient pas préparés à
leur faire bon accueil. On ne pouvait donc espérer un appui
que sur place, parmi les négociants en diamants de Kimberley
qui, comme nous le disons plus haut, venaient de gagner des
fortunes dans la hausse des actions diamantifères. Ils profi-
tèrent tout naturellement des circonstances pour se faire adju-
ger des lots de titres à des conditions très avantageuses, mais
il est juste de faire remarquer que les risques étaient grands
alors et que, en somme, le Witwatersrand doit absolument sa
prospérité fabuleuse à ces maisons entreprenantes qui n'ont pas
craint d'engager leurs capitaux aux plus mauvais jours. Elles
ont fait d'immenses fortunes, mais elles ont sauvé le Transvaal
et ouvert à l'activité humaine le coin du globe le plus extraordinaire qui ait jamais été découvert jusqu'ici.

Partout et à toutes les époques, les découvertes de l'or ont
provoqué une sorte de contagion de folie qui frappe les meil-
leurs esprits et les prive, pendant un temps, de la saine
appréciation des choses. Pour juger les hommes aussi bien
que les faits, il y a lieu de tenir compte de la « fièvre d'or » qui

---

(1) Dans la constitution des Compagnies au début, les fonds de roulement formaient à peine le quart du capital nominal. (Voir la note page 17.) On juge de la
faiblesse des ressources des entreprises.

dans ces temps, non seulement régnait dans l'Afrique du Sud, mais se propageait encore en Angleterre, en France, en Allemagne, en Suisse et en Hollande.

Il serait donc souverainement injuste, dans l'appréciation des détails qui vont suivre, de ne pas tenir compte de cette influence fascinatrice à laquelle on doit en grande partie les erreurs, les exagérations et même les fraudes qui marquent la deuxième partie de cette première période.

Ceux qui n'ont pas suivi de près ces événements ne peuvent les comprendre. En fait, l'abandon de l'exploitation à ciel ouvert pour l'exploitation souterraine donnait des résultats qui dépassaient toutes les espérances. Chaque nouveau puits creusé rencontrait de riches couches aurifères et l'on ne passait pas de semaine sans que l'une ou l'autre des compagnies télégraphiât : « Recoupé riche filon ». En réalité, ces filons recoupés par les travaux souterrains étaient les mêmes couches dont l'affleurement avait été trouvé à la surface ; mais on ne connaissait pas alors l'inclinaison des couches et l'on s'imaginait qu'un filon recoupé, par exemple, à 80 pieds de profondeur et à 25 ou 30 pieds à droite ou à gauche de l'affleurement d'une couche, était une nouvelle découverte augmentant considérablement la valeur de la mine.

La teneur du minerai « à l'essai » était une autre source d'erreur ; un filon donnant, par exemple, 2 onces d'or à la tonne « à l'essai » était supposé devoir rendre la même teneur à l'exploitation courante et on en concluait qu'il suffirait de doubler le nombre des pilons pour doubler le rendement. L'expérience a démontré jusqu'à quel point ce calcul était faux ; elle a prouvé également qu'en comptant les frais d'exploitation à 25 ou 30 shillings la tonne, on était, à cette époque, de moitié au-dessous de la vérité. Mais ce dont il est impossible de douter, c'est que, à ce moment (il n'en fut pas de même un peu plus tard) tout le monde était de bonne foi, même et surtout les directeurs des mines. Seulement, il faut reconnaître que ces directeurs n'avait aucune compétence ; de simples chercheurs d'or ou même de simples employés aux écritures, ils s'étaient improvisés ingénieurs des mines. Comment d'ailleurs en quelques mois le monde aurait-il pu fournir et envoyer sur place un nombre suffisant d'ingénieurs compétents, étant donné que les gérants des mines eux-mêmes avaient à faire leur expérience pour l'exploitation rationnelle de cette formation géologique inconnue jusqu'ici des hommes de science ?

C'est donc à tort qu'aujourd'hui, après les leçons de l'expérience, on viendrait incriminer la bonne foi des premiers exploitants du Rand. L'or troublait leur vue ; ils voyaient double et ils traduisaient, dans leurs rapports les plus intimes, ce qu'ils croyaient sincèrement vrai.

Cependant la renommée du Witwatersrand se répandait rapidement à travers le monde. Le capital des compagnies, même après une première augmentation, était en général si petit, que le nombre des actions ne suffisait plus à satisfaire les demandes venant à la fois d'Angleterre, d'Allemagne, de France, de Suisse, de Belgique et de Hollande, et l'on assista alors à des enlèvements de cours qui, par bonds prodigieux, portèrent des actions de £ 1 à £ 60 (*Robinson*), à £ 35 (*Salisbury*), à £ 20 (*Jumpers*), à £ 16 (*Wemmer*), etc.

C'est la période du « boom (1) » ; c'est l'accès aigu de la « fièvre d'or ». Alors apparaissent, à côté des financiers ou des spéculateurs de bonne foi, les syndicats interlopes exploitant sciemment la confiance de leurs correspondants européens. Alors il arriva que des banques honorables, séduites par des rapports mensongers, se laissèrent entraîner à prêter leur concours à des affaires qui ne le méritaient guère. Tel était l'engouement, qu'on ne savait plus discerner l'ivraie du bon grain. Les actions des premières compagnies devenant trop lourdes, on saisissait avec avidité les titres des nouvelles entreprises offertes au pair. Simultanément, aussi bien à Londres qu'au Cap, on se livra à une véritable orgie d'émissions. Presque chaque jour, quatre ou cinq compagnies nouvelles apparaissaient à la quatrième page des journaux anglais, drainant l'argent du public par des apports monstrueux, écrasant le marché sous une avalanche de titres la plupart du temps invendables dès le lendemain de leur création (2).

C'est la plus triste page de cette histoire. Outre toutes les

---

(1) Boom est un mot employé en Amérique et en Angleterre pour exprimer une explosion de hausse.

(2) Au milieu de 1889 on comptait environ *sept cents* compagnies créées pour l'exploitation des mines ou des terrains de l'Afrique du Sud. Leur capital nominal représentait plus d'*un milliard six cent cinquante millions de francs*, dont *cinq cents millions* peut-être émis dans la seule année 1889.

conséquences naturelles et forcées de semblables excès, cette spéculation effrénée eut pour effet d'introduire dans l'exploitation des mines, de coupables procédés destinés à favoriser des coups de Bourse. De gros agioteurs, maîtres des conseils d'administration, donnèrent l'ordre aux directeurs de forcer la production par tous les moyens possibles, et ces moyens étaient les suivants :

Dans une mine bien conduite, les travaux de *développement*, c'est-à-dire l'ouverture des puits et des galeries à différents niveaux (1), doivent être exécutés simultanément avec l'extraction. Il est même indispensable que l'ouverture du terrain minier soit *en avance* sur les travaux d'extraction, afin que le mineur trouve un nouveau chantier d'abatage à exploiter dès qu'il a épuisé le précédent. Lorsqu'on ne suit pas cette méthode, ou lorsqu'on la suit sur une échelle réduite, on économise *dans le présent* une grosse dépense qui, ne comptant pas dans les frais d'exploitation du mois, permet de montrer des bénéfices considérables. Mais cette manière de procéder grève tout naturellement l'avenir. Un moment arrive où le mineur touche le fond du puits ou la fin de la galerie, il n'a plus de minerai prêt à abattre et les batteries de pilons s'arrètent faute d'aliment. Il faut alors des mois, des dépenses énormes et improductives pour ouvrir d'autres niveaux, percer des puits et des galeries, préparer des chantiers d'abatage. Le fait s'est produit, à l'époque dont nous parlons, dans quelques-unes des mines les plus riches du Rand, par exemple la *Salisbury,* la *City and Suburban,* la *Jumpers,* etc.

Un autre mode d'exploitation malhonnête consiste, suivant l'expression technique, à « arracher les yeux d'une mine », c'est à-dire à n'extraire que le minerai choisi parmi les plus riches parties de la mine en laissant de côté les parties pauvres.

La formation géologique des mines du Rand offre de grandes tentations sous ce rapport. Il existe dans certaines mines jusqu'à cinq couches de conglomérat aurifère, dont l'une, appelée le *South Reef,* est de beaucoup la plus riche (2). Au lieu d'exploiter également toutes ces couches et de faire passer sous les pilons du minerai tout venant, les directeurs de mines d'alors n'exploitaient fréquemment que le *South Reef* seul et lais-

(1) Voir le chapitre de l'exploitation des mines, page 103.
(2) Voir pages 55 et 57.

saient de côté les autres couches. On se rendra mieux
compte des conséquences désastreuses de ce système après la
lecture du chapitre sur l'exploitation des mines (page 103).
Mais il suffit de dire qu'à un moment donné il fallait forcément
revenir aux couches moins riches. Il s'ensuivait une baisse
sensible du rendement et une chute violente du cours des titres.

Ces errements nous conduisent à la deuxième période de
l'histoire des mines Sud-Africaines, celle de la crise aiguë et du
découragement.

Telle était la situation en mars 1889. Une pierre sur le
chemin de ce char emporté devait suffire pour le renverser. Le
krach des métaux en Europe fut le prétexte de la débâcle, mais
il en faut chercher ailleurs la véritable cause. Bien qu'on fût en
pleine saison des pluies, une sécheresse persistante continuait à
régner, enlevant aux Compagnies l'eau, élément indispensable
du traitement des minerais, desséchant les prairies et brûlant
l'herbe nécessaire à la nourriture des animaux employés aux
charrois, les seuls moyens de transport dans ce pays,
jusqu'alors privé de chemins de fer. — Un jour, cette
agglomération de mineurs et de spéculateurs, qui se reposait
sur d'autres du soin de la nourrir, s'aperçut qu'elle était
à la veille de la famine. Le prix des denrées doublait,
triplait, quadruplait en une semaine à Johannesburg, les ouvriers cafres désertaient les mines, les salaires montaient, les
batteries s'arrêtaient faute de charbon ; en ville, toute la partie
de la population oisive et ne vivant que de jeu, était obligée de
se créer des ressources en rapport avec les besoins du moment
et cela en liquidant à tout prix des stocks de titres de toute
nature, sans distinction de valeur intrinsèque.
   Un autre facteur de la débâcle et non le moins important, a
été l'action des Banques locales. Ces institutions s'étaient
trouvées entraînées, par la hausse de toutes choses, à prêter
trop libéralement sur les actions et sur les propriétés. Dès que
le désastre parut inévitable, elles se virent contraintes de prendre
des mesures conservatoires et décidèrent d'un commun accord
de cesser les reports, ce qui précipita la panique en forçant à

des liquidations immédiates. Deux d'entre elles firent faillite et comme l'une des deux était constituée sous le régime de la responsabilité *illimitée*, tous ses actionnaires furent ruinés.

Enfin, une grave question surgissait : celle des pyrites. (Voir page 110.) Dans tous les gîtes aurifères du monde, les minerais à une certaine profondeur deviennent réfractaires et nécessitent un traitement chimique à la suite du traitement mécanique. Malgré de nombreux avertissements à ce sujet, presque aucune Compagnie du Rand ne s'était outillée pour parer à cette éventualité.

Comme on le voit, tous les malheurs fondaient à la fois sur ce coin du monde. Ruines sur ruines s'accumulaient. Un voile de désolation couvrit bientôt l'Afrique du Sud :

Le tableau suivant résume les violentes fluctuations des principales actions de mines d'or depuis l'origine jusqu'au point extrême de la crise, au milieu de 1891, époque à laquelle la reprise commence à se manifester pour se poursuivre sans interruption jusqu'à ce jour.

	1888		1889		1891	1892
	PÉRIODE DE HAUSSE oct. 87 à mars 1888		PÉRIODE DE HAUSSE oct. 88 à fév. 1889		PÉRIODE DE HAUSSE juil. à oct. 1889	
COMPAGNIES	PÉRIODE DE BAISSE mars à sept. 1888		PÉRIODE DE BAISSE mars à juin 1889		PÉRIODE DE BAISSE nov. 1889 à juil. 1890	
	Émission en 1887-88 à Fr.	Plus hauts cours en 1888 (mars)	Plus bas cours en 1888 (juillet)	1er Mouv. de hausse en 1889 Cours extr. (mars)	1re crise en 1889 (mai)	2me Mouv. de hausse en 1889 Cours extr. (octobre)	Crise 90-91 Cours ex. en baisse	Cours fin décemb.
City Suburban............	25	90	50	400	210	300	80	245
Crown Reef.............	25	50	37	220	140	210	95	205
Durban Rood....... ...	25	40	30	190	100	170'	50	107
Ferreira	25	130	65	625	350	460	210	205
Geldenhuis	25	65	30	85	45	90	35	105
Henry Nourse..	25	40	35	225	137	25)	22	72
Jubilee	25	170	70	250	125	185	70	155
Jumpers...............	25	100	62	450	250	500	35	125
Langlaagte.............	25	37	27	150	80	175	60	95
Robinson...............	25	250	250	1.750	950	135	55	95

Actions divisées en dixièmes, juil. 1889.

	Émission en 1887-88 à Fr.	Plus hauts cours en 1888 (mars)	Plus bas cours en 1888 (juillet)	1er Mouv. de hausse en 1889 Cours extr. (mars)	1re crise en 1889 (mai)	2me Mouv. de hausse en 1889 Cours extr. (octobre)	Crise 90-91 Cours ex. en baisse	Cours fin décemb.
Roodepoort Unit.........	25	50	32	100	30	70	15	30
Salisbury.............	25	75	60	925	300	400	50	90
Simmer et Jack.........	25	50	35	290	140	225	75	125
Stanhope.............	25	60	40	145	70	210	50	92
Wemmer.............	25	170	90	400	175	260	50	117
Wolhuter.............	25	90	60	110	75	130	10	72

Nous arrivons maintenant à la troisième période de l'histoire des mines du Witwatersrand, celle qu'on peut appeler la « renaissance du Rand ».

Pendant deux longues années, il n'y a pas d'anathèmes qu'on n'ait lancés contre les mines d'or de l'Afrique du Sud. Les uns niaient l'existence de l'or dans ces mines. Les autres, ne pouvant aller contre l'évidence des rendements (Voir page 62), se rejetaient sur l'accusation de malhonnêteté des directeurs et englobaient toutes les entreprises sans distinction dans la même réprobation. Pour tous, soit pour une cause, soit pour une autre, la situation au Transvaal était désespérée et, en fait, le marché des mines d'or n'existait plus que de nom.

Nous allons essayer de montrer que non seulement le krach de 1889 n'a pas touché l'industrie aurifère dans ses œuvres vives, mais que, bien au contraire, il a constitué pour elle un immense bienfait ; c'est à la crise et à ses rudes leçons que le prodigieux développement actuel du Witwatersrand est dû ; c'est à elle qu'on devra bientôt la mise en exploitation de nouvelles régions aurifères au Sud de l'Afrique, régions dont, selon toutes les probabilités humaines, la production en métal précieux sera telle qu'elle révolutionnera le commerce du globe.

L'orage eut pour effet de purifier l'air et de disperser dans toutes les directions la troupe d'aventuriers qui s'était abattue sur le Transvaal. Les joueurs n'avaient plus rien à faire à Johannesburg et la place n'appartenait qu'au travail et au capital. C'est alors que, pour la troisième fois, les premiers pionniers du Rand revinrent sur la brèche. Sans se laisser décourager par les flots d'injures et de reproches qu'on versait sur eux en Europe, ils réunirent leurs efforts pour sauver la situation. Tout l'honneur de cette œuvre revient aux hommes tels que Robinson, Porgès, Struben, Beit, Eckstein, Whitehead, Taylor, Goch, Campbell, Neumann, Dunning, Philips, etc., qui évidemment n'avaient d'autre but que la sauvegarde d'intérêts privés, mais qui, inconsciemment, ont fait plus pour la civilisation du Continent Noir que bien des explorateurs fameux.

C'était assurément une rude tâche que de porter remède **aux nombreuses erreurs commises et de réparer le dommage** causé aux mines par une exploitation inexpérimentée ou malhonnête.

Nombre de directeurs, d'administrateurs, d'employés, etc., furent impitoyablement cassés aux gages ; on fit venir de tous les points du monde des ingénieurs-conseils et des experts dans la science des mines et cela bien souvent aux frais des personnages indiqués plus haut. Parmi ces ingénieurs ou experts, nous citerons : M. Durand (1) ; MM. Jennings, Sydney Farrar, Rathbone, Britten, Goldman, Rouliot, Johns, etc. D'après leurs conseils, beaucoup de batteries furent arrêtées et tous les efforts se portèrent sur le développement en grand des travaux miniers et sur la réduction des dépenses.

On commença par explorer scientifiquement et dans toutes les directions les mines dont la capacité de production était le mieux établie, et ces investigations donnèrent les résultats les plus encourageants. Dans les mines de basse teneur l'exploitation fut suspendue en attendant que l'établissement des chemins de fer fît baisser les frais ; enfin plusieurs Compagnies, principalement celles lancées dans la dernière période du « boom », furent complètement abandonnées.

Non seulement on se mit avec ardeur au développement des travaux souterrains, mais encore on augmenta et on perfectionna le matériel. Il est impossible de se faire une idée des sommes énormes dépensées dans ces améliorations, mais elles sont une preuve irréfutable de la vitalité et de l'élasticité de l'industrie aurifère du « Rand », car pour la plus grande partie, elles ont dû être prélevées sur le produit même des mines. Les augmentations de capital, dont une portion fort restreinte d'ailleurs fut souscrite dans ce but par les actionnaires, ne montent pas au dixième des sommes qui ont été enfouies alors dans les exploitations.

Cette période, il faut l'avouer, fut une dure épreuve pour les actionnaires européens, car ils ne pouvaient se rendre compte de la situation, et ils ne voyaient qu'une chose : c'est que les dividendes ne venaient point.

---

(1) Nous sommes heureux de rendre [ici hommage à notre compatriote M. Durand, ancien directeur de la Compagnie Française des mines de Diamant du Cap, qui, le *premier* de tous les ingénieurs du monde, visita le Witwatersrand au lendemain de sa découverte (fin 1886) et affirma, dès cette époque, l'immense avenir de ces champs aurifères. C'est sur ses conseils qu'une puissante maison acquit alors la mine *Robinson*, devenue depuis la Reine du Transvaal.

LA CRÉATION DE LA CHAMBRE DES MINES

DE JOHANNESBURG

Une des mesures les plus heureuses prises à l'époque a été la création de la Chambre des Mines de Johannesburg. Cette institution est un bureau de statistique, mais en même temps elle exerce un contrôle influent sur les différentes Compagnies; elle défend les intérêts des mines vis-à-vis du gouvernement et met en vigueur des règlements de toutes sortes. Les différentes Compagnies ont leur représentant dans cette Chambre, et elles élisent un Comité dont le Président de la République du Transvaal, P. Kruger, est le président.

L'organisation du travail et les différents règlements élaborés par la Chambre des mines ont été et sont encore un bienfait pour l'industrie aurifère du Witwatersrand.

Chaque Compagnie est obligée tous les mois de publier un rapport détaillé de son exploitation. Le 10 de chaque mois, la Chambre des mines fait connaître le chiffre officiel de la production totale du district pour le mois écoulé, et quelques jours après elle publie un tableau extrêmement détaillé des résultats obtenus par chaque Compagnie (1). A la fin de l'année un tableau récapitulatif est dressé (2).

En outre, l'un des règlements engage les Compagnies à adresser chaque mois, par la poste, à ses actionnaires, une circulaire contenant l'état détaillé des travaux exécutés pendant le mois (3).

Nous doutons qu'il existe dans le monde une autre industrie donnant mensuellement des renseignements aussi nombreux et aussi précis sur les résultats de son exploitation. On a objecté que ces mines sont trop éloignées pour que les capitalistes européens puissent surveiller leurs intérêts. Cette objection est absolument mal fondée en présence de ces divers documents (4). Pour nous, nous n'hésitons pas à dire que le rentier français qui

---

(1) Voir page 67. Ce tableau paraît chaque mois dans notre journal.
(2) Voir ce tableau page 66.
(3) Voir page 89 un exemplaire de ces états.
(4) Voir encore page 89 le tableau donnant l'analyse des rapports mensuels.

achète aujourd'hui des actions d'une compagnie de mines d'or du Witwatersrand peut, s'il le veut, suivre ses intérêts mieux que dans n'importe quelle industrie française dont il ne connaît la situation qu'une fois par an au plus, lors de l'assemblée générale.

En dehors de ces travaux, la Chambre des Mines tient des séances dans lesquelles on discute toutes les questions intéressant l'industrie aurifère et principalement la réduction des frais d'exploitation et le traitement des pyrites.

Nous avons vu plus haut, en effet, que l'une des causes de la crise de 1889 a été qu'à une certaine profondeur, le minerai devint réfractaire alors que l'on n'avait pris aucune précaution contre cette éventualité.

Sur les indications des ingénieurs-conseils, on construisit des usines pour le traitement chimique des pyrites (1). Les compagnies les plus riches eurent leurs usines propres. En outre, plusieurs syndicats, et entre autres l'*African Gold Recovery*, se formèrent pour acheter et traiter les « résidus de minerai » des compagnies qui ne pouvaient les traiter elles-mêmes.

Le produit de ce « sous-traitement » entre actuellement pour près de 15 o/o dans le rendement total et il est certain que des procédés nouveaux, notamment l'emploi de l'électricité, vont avant peu permettre une extraction encore plus complète, et surtout moins coûteuse de l'or contenu dans le minerai.

Deux chiffres résument cette troisième période :
En octobre 1889 (pleine crise), la production aurifère du Witwatersrand était de *31,900 onces;* en octobre 1892, elle s'élève à *112,000 onces! !*

Que dire en présence d'un pareil résultat ? Que penser de ce pays qu'on a cru perdu à tout jamais, de ces hommes qu'on a vilipendés ? Que sont les hallucinations produites au début par la fièvre de l'or, auprès des scandales du Comptoir d'Escompte, de la Société des Dépôts et Comptes courants, du Panama, etc. ? L'équité demande qu'on rende un éclatant hommage au-

---

(1) Voir **page 110.**

jourd'hui à cette race puissante d'hommes énergiques, dont
l'intrépidité dans les revers a surmonté des difficultés inouïes.
Elle a formé le noyau d'un grand peuple sud-africain destiné dans l'avenir à rivaliser de puissance et de richesse avec
les Etats-Unis.

On trouvera, au cours de cet ouvrage (1), la des-
cription du gîte aurifère du Witwatersrand, la démons-
tration de sa « permanence », le détail de sa production
et de ses dividendes. Il n'y a donc pas lieu de revenir
ici sur son passé; il importe bien plutôt de dire un mot de
son avenir.

Qu'est-il permis d'attendre de ces « champs d'or », comme
disent les Anglais, dont la production aurifère depuis moins de
six ans atteint déjà 250 millions de francs (200 millions dans les
trois dernières années), et dont les compagnies ont distribué en
1892 (jusqu'à novembre) plus de 13 millions de dividendes, et
cela malgré les difficultés, les crises, les tâtonnements qu'une
industrie nouvelle rencontre à ses débuts ?

Quels prodigieux changements depuis la débâcle de 1889-90 !

En octobre 1892, le réseau ferré du Cap a atteint Johannesburg et, de Cape-Town, on peut maintenant se rendre
au centre même des mines en sleeping-car et en wagon-
restaurant.

En juillet 1892, la puissante maison Rothschild, de Londres,
n'a pas craint de patronner le premier emprunt du Transvaal.
Il a été couvert *25 fois*. Emis à 90 (5 o/o), il dépasse aujourd'hui
100 et c'est le plus solide placement à 5 o/o sur Fonds d'Etats
qui existe au monde en ce moment. Le produit de cet emprunt
est consacré à la construction du chemin de fer. La ligne vient
d'atteindre Pretoria, capitale du Transvaal ; dans deux ans,
elle sera raccordée au tronçon portugais de Delagoa Bay
(voir la carte).

Avec les chemins de fer, les frais d'exploitation s'abaissent,
les émigrants arrivent, la main-d'œuvre devient plus abondante
et plus habile.

_____

(1) Voir page 51.

Déjà de toutes parts on augmente le matériel et le nombre des pilons.

L'exploitation des minerais de faible teneur, négligée jusqu'ici, est rendue possible. Dans nombre de compagnies, les couches les moins riches sont les plus larges et elles n'ont point encore été touchées.

Des stocks considérables de vieux résidus de minerai (1) existent à chaque pas le long du Rand. Ils contiennent encore des milliers d'onces d'or que les nouveaux procédés chimiques permettent d'extraire.

Les pyrites sont l'objet de l'étude des premiers chimistes du monde ; leur traitement fait chaque jour de nouveaux progrès et on obtient aujourd'hui jusqu'à 96 o/o de la teneur accusée par les essais.

De puissantes machines perforatrices (2) remplacent aujourd'hui le pic et le marteau du mineur et décuplent la puissance du travail souterrain.

Chaque jour enfin apporte son expérience, les premiers ingénieurs du globe sont attirés au Rand à prix d'or et tout ce que la science compte de lumières se donne rendez-vous au Sud de l'Afrique.

Qu'est-il besoin de dire après cela de l'avenir des mines d'or du Witwatersrand ? La production d'octobre 1892 s'est élevée à 112,000 onces, soit environ 10 millions de francs (120 millions par an). Il n'est guère douteux que dans un an elle atteindra 150,000 onces par mois. Que disons-nous ? Un ingénieur anglais de grande réputation, M. Hamilton Smith, revenant de Johannesburg il y a deux mois, n'a pas cru trop s'avancer en prédisant pour 1896 une production de 300,000 onces (27 millions par mois ou 325 millions de francs par an) pour le Witwatersrand seul, c'est-à-dire plus de la moitié de la production aurifère totale du globe (3).

Mais le Witwatersrand n'est pas le seul « Champ aurifère » du Sud de l'Afrique. Au Transvaal on rencontre l'or, pour ainsi dire dans chaque district, dans le De Kaap, le Lydenburg, le

(1) Voir page 119 traitement des *tailings*.
(2) Voir page 108.
(3) Voir la production du globe page 35.

Zoutpansberg, etc.; on le trouve au Swaziland, au Matabeleland, au Mashonaland et dans tout le territoire compris entre
le Limpopo et le Zambèze et supposé avoir été l'ancien
royaume de la reine de Saba. Quels trésors découvrira-t-on
dans ces régions à peine explorées aujourd'hui? Mais sans
tenir compte d'aucune nouvelle découverte et en ne tablant
que sur le développement logique de l'exploitation, qui en
1891 a donné environ 100,000 onces d'or pour les mines actuellement travaillées autres que celles du Witwatersrand, on sera
très au dessous de la vérité en comptant d'ici deux ou trois ans
et grâce aux chemins de fer, sur une production annuelle de
500,000 à 600,000 onces pour l'ensemble de ces régions.

Ainsi l'Afrique du Sud en quelques années augmenterait le
rendement aurifère du globe de 60 pour cent, soit de près de
400 millions de francs.

Une telle surproduction du principal métal qui sert de
base aux transactions, ne peut manquer d'exercer une influence
considérable sur le commerce du monde. Le fait s'est produit de 1851 à 1857, lors des découvertes de l'or en Californie
et en Australie. Il doit se renouveler avec une intensité beaucoup plus grande, quarante ans plus tard, alors que la vie
commerciale est décuplée par les chemins de fer et le télégraphe,
alors surtout que tandis que dans ces pays la production a
baissé graduellement, nous avons au contraire toutes raisons de
croire qu'elle augmentera considérablement d'année en année
au Sud de l'Afrique.

L'abondance croissante du métal jaune réagira inévitable-
ment sur le taux de l'intérêt et accentuera sa marche descen
dante, déjà si sensible aujourd'hui.

A toute force, il faudra que les capitaux cherchent une
nouvelle orientation, sous peine de ne plus nourrir leurs posses-
seurs. La voie, d'ailleurs, leur sera toute tracée; il faut alimenter,
vêtir et fournir de tout ce qui est nécessaire à la vie cette population dont l'accroissement va suivre, sinon dépasser, le développement de l'industrie aurifère et la construction des chemins
de fer. Au début, l'exportation des vieilles nations y pourvoira:
mais pas pour longtemps. L'industrie s'implantera rapidement

dans un pays où l'on trouve en quantités illimitées le charbon, le fer, le cuivre, le zinc, etc., à côté de l'or et de l'argent. Pourquoi importerait-on d'Europe ou d'Amérique les rails pour les chemins de fer, le matériel et les machines de toutes sortes qu'on peut fabriquer sur place à meilleur compte ? Usines et fabriques se créeront comme par enchantement, grâce à l'or provenant du sol lui-même, grâce aussi aux capitaux européens trop heureux de trouver un emploi.

Simultanément et pour les mêmes raisons, l'agriculture recevra une impulsion considérable. Qu'on lise les rapports de M. Auber, consul de France à Prétoria ; on y verra que « le Transvaal *devrait* être le grenier d'abondance de l'Afrique australe, » si ce pays, qui possède de grandes facilités pour la culture des céréales, avait une population agricoles et des voies de communication suffisantes. Dans certains des districts, on peut faire *deux récoltes* de blé par an. Au Transvaal on trouve la végétation des climats tempérés, semi-tropicaux et tropicaux à mesure qu'on monte vers le nord ; on y cultive la vigne, le thé, le café, l'indigotier, le tabac, le coton, la canne à sucre, les plantes textiles, etc. L'élevage du bétail, différent suivant les districts, et notamment de la chèvre d'Angora, réussit parfaitement.

Que de richesses à exploiter ! Quel vaste champ nouveau ouvert à l'activité humaine !

Il est hors de doute que la découverte de l'or au Sud de l'Afrique accomplira dans ces régions une œuvre semblable à celle dont nous avons eu le spectacle en Californie et en Australie depuis quarante ans, avec cette différence que ses progrès, marchant comme le siècle, seront considérablement plus rapides. Des villes comme Melbourne, Sydney, Chicago, San-Francisco, sortiront de terre en vingt-cinq ans, des fortunes considérables s'édifieront en quelques années.

Pourquoi la France n'en aurait-elle pas sa part ? Pourquoi les financiers qui ont entraîné les affaires de notre pays dans la décadence dont nous avons aujourd'hui le triste spectacle, ne saisiraient-ils pas l'occasion de reconquérir la confiance de l'épargne qu'ils ont perdue, en risquant les premiers capitaux

dans ces contrées et en présentant ensuite au public des entreprises solidement assises et ne comportant que les majorations
justifiées par des résultats acquis !

C'est à faire partager notre confiance dans l'immense avenir
de l'Afrique du Sud que cette troisième édition est destinée,
comme l'étaient les deux premières et comme le seront les édi-
tions successives que nous nous proposons de publier au fur
et à mesure des événements. C'est une tâche ingrate, nous ne
l'ignorons pas, étant donné le caractère de notre nation ;
mais le travail et la persévérance nous donneront raison.

PREMIÈRE PARTIE

NOTIONS GÉNÉRALES

CHAPITRE PREMIER

ORIGINE ET DÉCOUVERTE DES MINES D'OR DE L'AFRIQUE DU SUD

L'existence de l'or dans l'Afrique du Sud est connue depuis la plus haute antiquité, et les mines aurifères y furent exploitées bien des siècles avant qu'il existât une littérature européenne pour raconter leur splendeur.

L'Ancien Testament ne nous parle-t-il pas des immenses trésors de la reine de Saba et de ce pays d'Ophir d'où les navires du roi Salomon et de Hiram, roi de Tyr, revenaient tous les trois ans, par la mer Rouge, chargés d'or et d'ivoire?

La Bible ne précise point l'endroit où était située cette riche contrée ; mais la critique historique en Allemagne et en Angleterre, après avoir balancé longtemps entre l'Inde ou l'Afrique, admet aujourd'hui que Sofala, près de l'embouchure du Zambèse, en face de Madagascar, est bien l'Ophir de l'Écriture. C'était l'opinion de l'ancien historien juif Josèphe et celle de l'auteur du Coran ; Milton la partageait également.

D'ailleurs le mot *Sofala* dérive du mot grec *Sophira*, qui ne serait lui-même que la traduction du vieux mot Ophir.

Quant à la reine de Saba, son vrai nom serait *Sabia*, nom que porte encore aujourd'hui une rivière qui se jette dans l'océan Indien, à côté de la ville de Sofala.

On a évalué la quantité d'or, tirée de ce pays par Salomon, à

3

3,330,000 livres pesant d'or représentant une valeur moderne de 900 millions de livres sterling ou vingt-deux milliards cinq cents millions de francs, selon le calcul d'un savant hiérographe anglais dont nous ne prétendons pas cependant garantir l'exactitude.

Quoi qu'il en soit, un fait reste avéré : c'est la découverte, par de nombreux voyageurs ou missionnaires, dans cette région éminemment aurifère, de mines abandonnées et de ruines attestant l'existence d'une civilisation préhistorique qui remonterait fort au delà de l'origine des indigènes actuels du pays.

Sur les rives de la Sabia, le voyageur admire encore aujourd'hui les vestiges d'anciennes tours et de bâtiments singuliers d'une architecture originale et puissante sans analogie aucune avec celle des peuples aryens ou sémites. Que sont devenues les nations qui ont élevé ces constructions ? Etaient-ce des Babyloniens, des Hébreux, des Egyptiens ou des Indo-Malais ? Il est impossible de le savoir. Elles n'ont point laissé de trace dans les annales humaines, et sans ces ruines mystérieuses et superbes qui défient l'usure des siècles, nul ne soupçonnerait l'existence de cette race éteinte, probablement très civilisée, mais, en tout cas, d'une habileté consommée dans l'art d'exploiter les mines.

C'est dans cette même région que la mémoire de la reine de Saba, persistant à travers les âges, s'est conservée dans la chronique scandaleuse des Arabes et parmi les Habeshs de Gondar.

Bien plus encore, Carl Mauch, le savant explorateur allemand, qui visita ces contrées en 1864, n'a pas hésité à marquer sur la carte le point où, selon son opinion, s'élevait jadis l'ancienne cité biblique d'Ophir. Ce serait à l'intersection du 20° 15' 24" latitude sud et du 31° 37' 45" longitude est. Il y a là, en effet, à 4,200 pieds au-dessus du niveau de la mer, les ruines de vastes constructions dont les murailles, hautes de 30 pieds, se composent de blocs de pierre noire taillée.

*
* *

Mais sans remonter aussi loin, on peut dire que l'histoire de l'Afrique du Sud, au point de vue de ses richesses minérales, commence à la découverte des mines de diamant en 1867, autour du point où s'élève aujourd'hui la ville de Kimberley (Griqualand West).

Un grand nombre de mineurs australiens et californiens accoururent alors dans l'espoir de faire promptement fortune et se répandirent dans le pays en poussant leurs travaux de recherches dans toutes les directions. Ils cherchaient du diamant ; ils trouvèrent de l'or et principalement vers le nord, dans le Transvaal, où des traces du métal précieux se rencontraient pour ainsi dire dans chaque district.

En 1875, M. Lachlann avait trouvé de splendides pépites dans les terrains d'alluvion du district de Spitzkop ; en 1882, il découvrit l'or alluvial dans la vallée De Kaap et obtint du gouvernement une récompense de 500 livres sterling. En 1884, Arnold mit à jour un filon de conglomérat sur la ferme de M. Geldenhuis dans le district de Witwatersrand. La même année, M. D. Moodie constatait la présence de l'or sur les terrains situés au sud-ouest de l'endroit où se trouve maintenant Barberton. Mais les plus merveilleuses découvertes furent celles du quartz aurifère de la colline Sheba (district de Kaap) par Edwin Bray en 1886, et du filon de « *Banket* » appelé *Main Reef*, par les frères Struben en avril 1886, dans le district de Witwatersrand.

Depuis six ans, bien d'autres filons de conglomérat aurifère ont été exploités ; nous en parlerons avec détail dans un autre chapitre. Des centaines de Compagnies broient le quartz ou le ciment aurifère dans le Transvaal. Plusieurs, telles que la Sheba et la Robinson, resteront à jamais fameuses dans les fastes de la Bourse en raison des plus-values extraordinaires réalisées par leurs actions et le Transvaal étonne aujourd'hui le monde par sa merveilleuse richesse et la progression colosssale de sa production aurifère.

CHAPITRE II

LA PRODUCTION DE L'OR DANS LE MONDE

Les divers pays producteurs. — Le premier rang réservé au Transvaal avant trois ans. — Avant d'entrer dans le détail des exploitations aurifères du Transvaal, nous pensons qu'il est intéressant, comme points de comparaison, de mettre sous les yeux du lecteur quelques documents relatifs à la production de l'or dans le monde entier.

Voici d'abord, d'après les *Documents relatifs à la question monétaire*, publiés par le ministère des finances de Belgique en 1874, quelles auraient été approximativement les moyennes annuelles de la production de l'or dans le courant de ce siècle.

PRODUCTION ANNUELLE DE L'OR DANS LE MONDE DEPUIS UN SIÈCLE

Années.	Francs.
1800	77.078.000
1846	214.265.000
1849-1852	537.518.000
1853-1857	797.209.000
1858-1862	688.681.000
1863-1867	589.696.000

Depuis 1873 nous trouvons les variations de la production de l'or relevées, année par année, dans le rapport du directeur de la Monnaie des Etats-Unis.

	Francs		Francs
1873.......	514.650.000	1882......	545.700.000
1874......	485.512.500	1883......	510.390.000
1875.......	521.625.000	1884.....	544.095.000
1876......	554.795.000	1885......	579.940.000
1877.......	609.900.000	1886......	567.100.000
1878......	636.650.000	1887.......	565.896.250
1879......	583.150.000	1888......	589.553.950
1880......	569.775.000	1889......	655.043.300
1881.....	551.050.000	1890......	622.647.615

Le point culminant de la production aurifère depuis près d'un siècle se place, d'après ces tableaux, de 1853 à 1857 (797 millions de francs). C'est que cette période coïncide avec la découverte de l'or en Californie et en Australie. A partir de 1858, une diminution se produit chaque année pour revenir au chiffre de 1851 (485 millions) en 1874. Mais la production s'est rapidement relevée depuis cette époque, grâce à la compensation trouvée, dans l'Afrique du Sud, à la diminution de l'Australie. Actuellement on est presque revenu à la moyenne annuelle, du moins de la période de 1858 à 1862, et tout fait prévoir qu'on dépassera bientôt celle-ci pour se rapprocher de la première.

Mais de tous les documents que nous possédons, le plus intéressant est assurément le suivant qui donne le détail par pays de la production aurifère du monde en 1890. Nous l'empruntons à notre éminent confrère de la presse étrangère *The Engineering and mining Journal* de New-York, qui lui-même l'a extrait du dernier rapport du directeur de la Monnaie des Etats-Unis.

RELEVÉ PAR PAYS DE LA PRODUCTION DE L'OR DANS LE MONDE EN 1890

	Nomb. d'onces.	Val. en francs.
Etats-Unis (*tous les Etats, y compris la Californie*).....................	1.952.452	177.720.750
Australie (*Australie de l'Ouest, Queensland, Victoria, Nouvelle-Galles du Sud*)...........................	1.808.092	162.728.275
Russie.....................	1.257.945	113.215.095
Transvaal.....................	587.727	52.895.450
Chine.....................	316.839	28.515.500
A reporter....	5.923.055	535.075.070

	Nombre d'ouces.	Valeur en francs.
Report....	5.923.055	535.075.070
Colombie....................	210.647	19.768.250
Indes anglaises...............	118.889	10.700.000
Canada.....................	88.867	7.998.250
Chili......................	85.398	7.685.810
Autriche-Hongrie............	83.133	7.481.975
Allemagne,.................	73.116	6.580.500
Venezuela..................	68.837	6.195.300
Guyane anglaise............	66.875	6.018.750
Mexique...................	45.594	4.103.450
Guyane hollandaise..........	32.159	2.894.350
Brésil.....................	26.470	2.382.355
France....................	15.812	1.423.100
Japon.....................	15.098	1.358.900
Etats de l'Amérique Centrale........	8.917	802.500
Italie.....................	5.825	524.300
République Argentine...........	4.875	438.700
Pérou....................	4.101	369.150
Bolivie...................	3.555	319.930
Suède....................	3.477	312.975
Grande-Bretagne............	1.961	176.550
Turquie...................	416	37.450
	6.887.077	622.647.615

Ainsi les États-Unis tiennent actuellement la tête avec une production annuelle de 175 millions. Ce chiffre est sensiblement égal à celui des deux ou trois années précédentes; l'industrie aurifère y est stationnaire.

En Australie, la production avait beaucoup baissé depuis quinze ans, mais aujourd'hui elle augmente de nouveau, ayant été de 41.119 kilogrammes en 1887, 42.974 kilogrammes en 1888, 49.784 en 1889 et 58,000 kilogrammes en 1890.

En Russie, où les mines d'or sont, comme on le sait, exploitées en grande partie par le gouvernement, la production paraît également stationnaire.

Enfin nous arrivons au Transvaal qui, dans la statistique de l'année 1890, n'occupe que le quatrième rang parmi les pays producteurs et n'arrive pas au tiers des États-Unis. Mais les progrès réalisés pendant l'année 1891 et les perspectives pour 1892 et les années suivantes sont telles qu'il n'est guère permis de douter que, avant trois ans, ce pays aura conquis la première place.

La production aurifère du Transvaal en 1891.

Voici la statistique aussi exacte qu'il soit possible de l'obtenir de la production aurifère du Transvaal tout entier en 1891. Les chiffres nous en sont fournis par les Chambres des mines de Johannesburg et de Barberton, et ils s'établissent ainsi :

Districts	Nombre d'onces.	Valeur en francs.
Witwatersrand...	729.328	66.368.848
De Kaap et Swazieland	66.598	6.060.418
Klerksdorp	10.682	972.062
Lydenburg	18.576	1.690.416
Zoutpansberg	8.537	776.867
	833.721	75.868.611

Les champs aurifères du Transvaal ont aujourd'hui six années d'existence.

Toutes les autres contrées aurifères dont la liste figure ci-dessus sont exploitées, les plus anciennes depuis des siècles, les plus jeunes depuis près de cinquante ans.

Et cependant le Transvaal a déjà conquis la quatrième place dans la production aurifère du monde.

Mais on aurait une très faible idée de la progression colossale de la production aurifère au Transvaal si l'on se contentait de comparer les chiffres ci-dessus avec la statistique de 1890. Nous donnons dans une autre partie de cette brochure (page 62) le détail des rendements mensuels depuis six ans, du district de Witwatersrand seul, d'après lesquels on verra que la production a augmenté au point que le mois de septembre, qui, en 1888, donnait 20.495 onces d'or, en a donné 107.300 en 1892.

Si nous admettons, comme base de calcul, la production de juillet du district du Witwatersrand seul (101.280 onces), l'année tout entière donnerait 1.215.360 onces, représentant une somme de 110 1/2 millions de francs. De telle sorte que, en supposant pour les autres distrits réunis une production égale à celle de 1891, soit 100.000 onces, nous arrivons déjà à un rendement de plus de 120 millions de francs pour 1892.

On peut donc dire que, dès aujourd'hui, le Transvaal occupe la troisième place parmi les pays producteurs d'or du monde.

Et ce résultat aura été atteint en six années à partir du jour de la découverte, c'est-à-dire pendant la période la plus défavorable à l'exploitation, celle où les mines sont restées entre les mains des premiers pionniers du Transvaal, aventuriers sans expérience, souvent sans ressources et surtout sans moyens de transport.

Quelle doit donc être la capacité de production du Transvaal si l'on songe que l'or a été découvert pour ainsi dire dans chaque district et que, à partir de 1893, les chemins de fer commenceront à sillonner le pays? Pour s'en faire une idée, il faudrait pouvoir supputer l'étendue des travaux miniers qui seront exécutés d'année en année, la quantité de tonnes de minerais aurifères qui gisent en masses immenses dans le sous-sol, le nombre de nouveaux pilons qui seront montés pour les broyer, les perfectionnements que la science apportera au traitement des pyrites, etc.

Les données actuelles nous permettent de prédire une production de 1.300.000 à 1.400.000 onces pour 1892. Nul doute que dans deux ou trois ans le chiffre annuel de 2.000.000 onces ne soit atteint, c'est-à-dire plus que les États-Unis tout entiers, c'est-à-dire enfin un bénéfice net, tous amortissements déduits, d'au moins 100 millions de francs permettant de rémunérer un capital de *un milliard* à 10 0/0.

CHAPITRE III

LE TRANSVAAL

1° Notions Historiques.

Le Transvaal, ou République Sud-Africaine, a été fondé par les descendants des anciens colons Hollandais connus sous le nom de Boers, qui avaient créé la colonie du Cap en 1652, sous l'administration de la fameuse Compagnie Hollandaise des Indes Orientales.

On sait qu'un grand nombre de huguenots, chassés de France par la révocation de l'Edit de Nantes, qui cherchèrent alors un refuge en Hollande, furent envoyés au Cap moitié de gré, moitié de force. Du sang français coule donc dans les veines des habitants actuels du Transvaal et un grand nombre de familles y portent encore des noms de notre pays.

A la faveur des embarras où se trouvait la Hollande au moment des guerres de la Révolution française, les Anglais s'emparèrent de vive force de la colonie du Cap le 16 septembre 1795.

Les Boers, qui s'adonnaient presque exclusivement à l'agriculture et à l'élevage, émigrèrent alors vers le nord pour se soustraire à la domination anglaise. Après des luttes sanglantes contre les indigènes, ils s'établirent au Transvaal qui fut reconnu par l'Angleterre comme État indépendant en 1852. Toutefois, quelques années plus tard, des divisions intestines et une guerre malheureuse contre Seco-coeni, chef des belliqueuses tribus de Zoutpansberg, contraignirent les Boers à réclamer l'aide des troupes anglaises qui pénétrèrent alors dans le pays et y rétablirent l'ordre et la paix. Le Transvaal fut sauvé de l'anarchie et de la banqueroute, mais au prix de son autono-mie : l'annexion de ce pays à la Colonie du Cap devint un fait accom-pli en 1877.

Cette mesure politique provoqua chez les Boers un profond mécon-tentement qui se manifesta par une révolte en 1880. Les chefs Boers, réunis à Heidelberg, proclamèrent l'indépendance du Transvaal sous le nom officiel de « République Sud-Africaine ». Commandés par un chef habile, descendant d'une famille de réfugiés français, le géné-ral Joubert, ils battirent les Anglais dans cinq rencontres dont les trois dernières, celles de Laing's Neck, le 28 janvier 1881, d'Ingogo, le 8 février, et surtout celle d'Amajuba Hill, le 27 du même mois, furent de vrais désastres pour les troupes britanniques qui y per-dirent leurs généraux et leurs canons.

L'indépendance du Transvaal fut alors définitivement reconnue par le traité de Prétoria (3 août 1881).

2° Notions géographiques.

Agriculture. — Le Transvaal devrait être le grenier d'abondance de tout le sud de l'Afrique, car pas une contrée de cette partie du monde n'a un sol aussi riche et n'offre autant de facilités pour la culture des céréales. Dans les districts du nord notamment, on fait deux récoltes de blé par an. L'agriculture est certainement destinée à recevoir un développement considérable dans ce pays avec le temps.

Minéralogie. — La nature semble avoir réuni au Transvaal toutes les richesses minérales du monde : on y trouve en abondance l'or, l'argent, le cuivre, le plomb, le cobalt, le fer, le zinc, le charbon, etc.

Voici d'ailleurs, à propos des produits minéraux du Transvaal, quelques extraits des rapports de M. Auber, consul de France à Prétoria :

« L'or est tellement répandu dans le sol qu'il n'est pour ainsi dire pas de » région du pays où on n'en trouve pas de traces.

» L'argent allié au cuivre ou au plomb se rencontre dans les districts de » Prétoria, de Middleburg et de Rustenburg. Nous avons vu des échantillons de » minerai de cuivre argentifère tirés d'une mine à quelques kilomètres de Prétoria, » ne contenant pas moins de 4,327 onces (134 k. 137) d'argent à la tonne de » 1,016 kilogrammes.

» Le **cuivre** semble avoir été exploité de temps immémorial par les naturels
» pour en fabriquer des ornements. La richesse des différents minerais varie entre
» 10 et 80 0/0.

» Le **plomb** existe dans plusieurs districts, mais plus spécialement sur la fron-
» tière occidentale où certains minerais ont donné jusqu'à 84 0/0 de galène et
» 18 onces (558 grammes) d'argent à la tonne.

» **Fer.** — Il n'est aucun district où la présence du fer n'ait été constatée. En
» certains endroits, il est tellement abondant que le volume du minerai se chiffre
» par millions de tonnes, surtout dans le district de Rustenburg. A Zoutpansberg
» et à Waterberg, il existe des montagnes entières de minerai de fer. A
» Rustenburg, ce sont surtout les magnésites et les hématites ou fer ologiste qui
» dominent. Ils renferment jusqu'à 70 0/0 de fer.

» **Zinc.**— Des filons de blende assez riches ont été trouvés près de Middleburg.

» **Houille.** — La houille se trouve presque à la surface du sol, non seulement
» le long de la frontière orientale, mais aussi au nord sur le trajet du chemin de
» fer de Delagoa Bay à Pretoria. Les hauts plateaux, que les géologistes avaient
» classés depuis longtemps parmi les terrains carbonifères, renferment de
» nombreuses couches de houille.

» On l'extrait depuis longtemps au moyen de simples excavations le long de
» Klipriver, à 24 milles de Heidelberg, à Sandfontein, près de Wakkerstroom, et
» tout le long de la Steenkoolspruit, à 40 milles de Pretoria. Enfin, ce qui est
» plus important, de nombreux gîtes carbonifères ont été découverts aux environs
» de Johannesburg. Un chemin de fer relie le centre houiller de Boksburg à la
» capitale des mines d'or de Witwatersrand.

» L'analyse a démontré que la houille du Transvaal est excellente pour les
» machines. On en a même trouvé qui est propre à la fabrication du gaz
» d'éclairage.

» Parmi les autres produits minéraux du pays, nous citerons encore : l'**étain**,
» **le bismuth et le platine**, dont on a trouvé des traces dans le district de
» Rustenburg ; l'**amiante**, qu'on a trouvé à plusieurs endroits ; le **cinabre**, qu'on
» dit exister près de Spitzlop (Lydenburg); une espèce de **bitume**, signalée près de
» Klerksdorp.

» Il n'est enfin pas de district où on ne trouve la **pierre à chaux**. La **pierre à**
» **ciment** existe également dans le pays et est exploitée en vertu d'une concession
» accordée par le gouvernement. »

Climat. — L'altitude très élevée du Transvaal, qui est en
moyenne de 4,000 pieds au-dessus du niveau de la mer, en rend le
climat très salubre.

La saison d'hiver, d'avril à septembre, est sèche et froide, particulièrement durant la nuit; dans le jour il fait quelquefois aussi
chaud qu'en été.

La température moyenne de l'été varie mensuellement de
65° à 75° Fahrenheit (18° à 25° centigrades) et celle de l'hiver de
59° à 65° Fahrenheit (13° à 18° centigrades).

Population. — Aucun recensement officiel de la population du
Transvaal n'a été fait depuis la guerre d'Indépendance. On en est
réduit à des évaluations contradictoires. Elles donnent au Transvaal

une population de près d'un million d'habitants, dont 750 000 noirs. Ces chiffres ne comprennent pas l'immigration des cinq dernières années impossible à évaluer. La capitale est Prétoria, siège du gouvernement, environ 10,000 habitants. Mais la ville la plus peuplée est Johannesburg, environ 40,000 habitants, bâtie au milieu des mines d'or du district de Witwatersrand qui comprend au moins 60,000 habitants. Les autres villes principales sont : Heidelberg, Barberton, Potchefstroom, Lydenburg, etc.

3° Organisation territoriale et politique.

Au point de vue administratif, le Transvaal est divisé en 18 districts administrés par des baillis choisis à l'élection.

Le pouvoir législatif réside dans une Chambre unique, le *Volksraad*, composée de 36 représentants du peuple.

Le pouvoir exécutif n'est pas unipersonnel ; comme en Suisse, c'est un Conseil exécutif, le *Uitvoerende Raad*, qui est dépositaire de la puissance publique.

Cet *Uitvoerende Raad* comprend : 1° le président de la République élu plébiscitairement pour cinq ans par tous les citoyens de l'Etat. C'est actuellement et pour la seconde fois l'un des triumvirs de la guerre de l'Indépendance, Paul Kruger, commandeur de la Légion d'honneur, auquel ses talents diplomatiques ont acquis une juste renommée.

Au point de vue militaire, en dehors d'un corps d'artillerie montée et d'une centaine d'hommes de police commandés par trois officiers, la République Sud-Africaine n'a pas d'armée permanente. Mais le service est obligatoire pour tous, sans exception aucune, en temps de guerre.

4° Organisation minière.

Les intérêts miniers au Transvaal sont régis par une loi spéciale des plus complètes. Le territoire est divisé en dix zones aurifères. Il existe un Ministère des Mines, répondant à peu près à notre Ministère du Commerce. Il faut une licence du gouvernement pour se livrer à la recherche des métaux précieux et une autre licence pour les exploiter. La propriété est absolument sûre et se transmet par actes passés devant des officiers publics. En un mot, le Transvaal possède une organisation minière de premier ordre.

Bail ou permis d'exploitation.

Lorsqu'un propriétaire découvre dans ses terres des gisements exploitables, il peut obtenir du gouvernement un permis d'exploitation nommé *Bail minier*, lui donnant le droit de rechercher et d'exploiter les mines dans une étendue de terrain ne pouvant dépasser le dixième de la superficie de sa propriété (c'est ce qu'on appelle un *mynpacht*), moyennant une redevance annuelle de 10 shillings (12 fr. 50) par morgen (85 ares) ou de 2 1/2 p. 100 du produit des mines, au choix du gouvernement.

Lorsque le propriétaire n'exploite pas ou ne cède pas son bail minier et qu'il fractionne les terrains de son bail en *claims* pour les laisser occuper et exploiter par des mineurs isolés ou syndiqués, ou par des Compagnies, il touche alors les trois quarts du produit des licences ou permis qui doivent être pris pour chaque claim. Le quatrième quart revient au gouvernement.

En vertu du droit qu'il a seul la disposition des pierres et métaux trouvés dans le sol, le gouvernement peut proclamer ouvert aux explorateurs et mineurs tout terrain privé ou domanial, dans lequel des gisements exploitables ont été découverts ou sont supposés exister : c'est-à-dire que toute personne de race blanche, munie d'un permis ou licence d'explorateur, délivré par le commissaire des mines ou bailli, à raison de 6 fr. 25 c. ou 9 fr. 35 c. par mois, suivant qu'il s'agit de terrains privés ou de terrains domaniaux, peut prendre possession, en la marquant, d'une parcelle (*claim*) du terrain proclamé pour y rechercher les gisements qui pourraient s'y trouver. Pour exploiter ensuite le gisement, le titulaire du claim doit se munir d'une licence de mineur, dont le coût est de 25 francs par mois.

La grandeur des claims varie suivant qu'il s'agit de dépôts d'alluvions, de veines ou filons de minerais métallifères ou de pierres précieuses. Le claim sur un dépôt d'alluvions est un rectangle dont le petit côté a 45 mètres et le grand 120 mètres, et sur des dépôts de pierres précieuses, un carré de 9 mètres de côté. Nul ne peut détenir à la fois plus d'un claim d'alluvion et un claim de filon dans la même zone minière, à moins que plusieurs titulaires de claims adjacents ne se syndiquent en payant une certaine redevance. Chacun d'eux peut alors individuellement posséder un autre claim. Les claims peuvent être vendus, cédés, transférés comme toute autre propriété. Ils ne peuvent toutefois être hypothéqués qu'après avoir été spécialement enregistrés à cet effet, après annonces et paiement d'une taxe fixe.

Avant toute proclamation d'un terrain privé, le propriétaire a le droit de se réserver un bail minier, *Mynpacht*, et, en outre, *quinze* claims francs. Après la proclamation, il touche la moitié du produit des licences d'explorateur et de mineur et la totalité des licences d'emplacement pour habitations, magasins, etc., sur sa propriété.

Par le fait de la proclamation, le propriétaire n'est pas dépossédé. Le fonds lui reste, l'État lui enlève seulement la jouissance, et comme indemnité lui donne une partie, la moitié au moins, du produit des licences d'explorateur, de mineur et d'emplacement.

L'explorateur permissionné qui a découvert un gisement exploitable a également le droit de prendre un claim spécial avant toute autre personne dans la propriété à proclamer.

Tout détenteur d'un claim doit l'exploiter ou le travailler régulièrement sous peine de déchéance. Toutefois, lorsque plusieurs détenteurs de claims adjacents, dont le nombre ne peut dépasser 12, se sont syndiqués, il suffit qu'un des claims syndiqués soit travaillé. Le défaut de paiement chaque mois de la licence entraîne également la déchéance.

Bien entendu, la possession d'une licence ou d'un permis de l'autorité ne donne pas *ipso facto*, au titulaire, le droit d'exploiter les propriétés privées non proclamées. Il faut qu'il obtienne, au préalable, l'autorisation du propriétaire qui peut faire avec l'explorateur tel arrangement qui lui convient.

Lorsqu'une nouvelle zone minière est ouverte, une agglomération de la population ne tarde pas à se former. Une partie des terrains en dehors des mines est alors divisée en parcelles (*stands*) de 15 mètres de côté ou de 15 mètres sur 30 mètres qui sont données en location pour 99 ans, moyennant une redevance mensuelle, nommée *licence de stand*, de 12 fr. 50 c. ou 18 francs suivant la dimension. Seulement, comme il y a une grande compétition et comme certains emplacements sont plus recherchés les uns que les autres, ces baux sont mis aux enchères et on a vu souvent payer 25,000 francs et plus pour les obtenir. Cette prime profite naturellement au propriétaire, ou au Trésor lorsqu'il s'agit de terrains domaniaux. — A défaut de paiement de la licence ou redevance mensuelle, le titulaire d'un stand perd également tous ses droits.

Telles sont sommairement les dispositions qui régissent les mines d'or, d'argent et de pierres précieuses dans la République Sud-Africaine. Elles ont été étendues récemment aux mines de mercure.

5° Voies de communication.

Il existe un courrier par semaine dans les deux sens entre l'Europe et l'Afrique du Sud.

Lignes de steamers. — Le service est assuré par des steamers de premier ordre, appartenant aux deux grandes compagnies anglaises, **Union Line** et **Castle Line**.

Les navires de l'**Union Line** quittent le port de Southampton

tous les samedis. Ils sont dénommés : une semaine " paquebots-
poste " et l'autre semaine " steamers intermédiaires ". Les
" *paquebots-poste* " (mail steamers) partent tous les quinze jours,
font escale à Madère, ville du Cap, Knysna, Port-Elisabeth et
Port-Natal. Les *steamers intermédiaires* (intermediate steamers)
viennent de Rotterdam, touchent à Hambourg et Southampton qu'ils
quittent également le samedi tous les quinze jours, et desservent
Lisbonne, Madère, Ténériffe, Sainte-Hélène, la ville du Cap, Port-
Elisabeth, Port-Natal, Delagoa-Bay, Madagascar, île Maurice.

Les navires de la **Castle Line** ont les mêmes services que ceux
de l'**Union Line**. Ils sont également divisés en " paquebots poste "
et " steamers intermédiaires " et ils alternent avec ceux de l'**Union
Line** pour prendre la " malle " anglaise chaque samedi à tour de
rôle à Southampton.

Durée de la traversée. — De Southampton à la ville du Cap, la
durée de la traversée varie suivant les bateaux ; elle est en moyenne
de 16 à 18 jours. Toutefois le plus beau steamer des deux lignes,
le *Scot* (Union Line, 6,859 tonneaux, 12,000 chevaux), passe généralement en 14 jours 1/2. Tous les steamers sont aménagés avec un
grand confortable et d'autre part la traversée d'Europe au Cap,
principalement de la hauteur du Portugal à la baie de Sainte-Hélène,
est réputée comme la plus agréable et la plus constamment douce
du monde entier.

Les chemins de fer du Cap. — De la ville du Cap, un réseau
ferré monte vers l'intérieur. Un coup d'œil sur la carte coloriée en
tête de cette brochure permettra d'en saisir les diverses lignes. Il faut
observer toutefois que le prolongement marqué en pointillé vers le
Transvaal est actuellement *terminé et en service* jusqu'à Johannesburg, le centre des mines d'or. Les trains doivent arriver jusqu'à
Pretoria, la capitale du Transvaal, vers le 15 janvier 1893, et avant
deux ans, la locomotive circulera de Cape Town à Delagoa Bay.

On se rend en chemin de fer, de la mer à Johannesburg, soit de
Cape-Town en faisant un crochet par le raccordement de De Aar
Junction (sans changer de train), soit de Port Elisabeth, soit de East
London. Pour les voyageurs venant d'Europe, il est beaucoup plus
rapide de partir de Cape Town.

Prix et durée du voyage de Londres à Johannesburg.

	1re classe	2e classe	3e classe	Durée moyenne
Londres à Southampton (*train spécial*) et à Cape Town (*steamer*) (*distance 5,965 milles : 9,500 kilom.*)	Fr. 833 25	Fr. 606 »	Fr. 353 40	17 jours
Cape Town à Johannesburg par chemin de fer (*distance 1,013 milles, 1,620 kilom.*)	292 35	203 30	199 35	2 j. 15 heures
Temps d'arrêt à Cape Town.				1 jour
	1.125 60	809 30	552 75	20 j. 15 heures

Ces prix comprennent la nourriture à bord, mais non à terre.

Nota. — Le prix de la traversée par les « steamers intermédiaires », est diminué de 78 fr. 75 en 1re classe ; 52 fr. 50 en 2e classe ; 26 fr. 25 en 3e classe.

Un « train spécial » en correspondance avec le paquebot quitte Londres (Waterloo station) tous les samedis à heure 40 du soir.

De Cape Town, un train (sans transbordement) pour Johannesburg part tous les jours à 9 heures du soir pour arriver le troisième jour à midi. Il a les *trois classes*. De Johannesburg le même train part pour Cape Town à 5 heures 15 du matin, pour arriver le troisième jour à 6 heures 35 du soir.

En outre, un train de luxe hebdomadaire (billets de *1re classe seulement*), composé de wagons-salons, de wagons-lits et wagons-restaurant, part de Cape Town, le jeudi à dix heures 15 du soir, pour arriver le dimanche à Johannesburg à 8 heures 45 du matin. De Johannesburg, le même train part le lundi à 5 heures du matin pour arriver le mercredi à minuit et demi.

Bureaux des Compagnies de steamers :

Union Line,　96, Bishopsgate street Within, EC, à Londres, et 38, avenue de l'Opéra, à Paris.

Castle Line,　4, Fenchurch street, EC, à Londres, et 36, rue Hauteville, à Paris.

On peut prendre dans ces bureaux son ticket directement pour Johannesburg et retenir sa place à l'avance.

Le tronçon du chemin de fer de la Baie de Delagoa vers Pretoria est actuellement terminé jusqu'à la hauteur de Barberton.

Lorsque ce tronçon sera achevé jusqu'à Pretoria de manière à former le circuit complet avec le réseau du Cap, le port de Lourenzo-Marquez dans la baie de Delagoa, l'un des plus beaux du monde, prendra sans aucun doute un important développement. Nos navires des Messageries Maritimes y feront sans doute escale. La route la plus courte pour se rendre au Transvaal sera à ce moment par Marseille et le canal de Suez, et la durée totale du voyage se trouvera réduite à environ 12 ou 14 jours.

En outre, une compagnie, à la tête de laquelle est le baron Oppenheim de Paris, vient de se constituer en Belgique pour construire un embranchement partant de la ligne de la Baie de Delagoa au point où elle quitte la frontière portugaise et remontant vers le nord, à travers le Zoutspansberg, vers la rivière Silati.

Routes. — Postes et télégraphes. — De nombreuses et bonnes routes carrossables sillonnent le Transvaal. Toutes ses villes principales sont reliées à l'Europe par le télégraphe (prix du mot pour la France et vice versa, 10 francs 75 ; il est question de diminuer ce prix de moitié). Le service des postes est assuré d'une façon très régulière pour toutes les parties du Transvaal. (Un courrier par semaine ; tarif, 0 fr. 50 par 0.15 gr.) Dernier délai pour la mise à la poste à Paris : le vendredi avant 6 heures aux grands bureaux.

6° Poids, Mesures, Monnaies.

Pour les poids, mesures et monnaies, le système anglais est en vigueur dans tout le Transvaal.

Voici les principales :

POIDS

1 tonne = 900 kilogrammes. D'après une récente décision, la tonne, autrefois de 2,240 livres pesant, a été réduite à 2,000 livres anglaises de 450 grammes.

Les mesures usitées pour les métaux précieux sont : *l'once* divisée en 20 *pennyweights* (en abrégé dwt) ; le *pennyweight* divisé en 24 *grains*.

1 once à 20 pennyweights...........	= 0 k. 031912
1 pennyweight à 20 grains.........	= 0 » 015545
1 grain.........	= 0 » 006477

L'*once d'or* vaut généralement 72 shillings ou 91 francs.

MESURES DE LONGUEUR

		mètres
1 mille anglais....................	=	1.609.314
1 pied anglais à 12 pouces..........	=	0.304
1 pouce........................	=	0.025

MESURES DE SUPERFICIE

1 claim, rectangle dont le petit côté mesure 150 pieds anglais et le grand 400 pieds, soit une superficie d'environ........................	=	2000 mètres carrés
1 acre anglais.................	=	40 ares 467

MONNAIES

1 livre sterling à 20 shillings en or........	=	25 fr.	25
1 shilling à 12 deniers ou pence en argent...	=	1	2625
6 deniers ou pence en argent..............	=	0	631
1 denier ou pence en cuivre...............	=	0	10

CHAPITRE IV

LES DIVERS DISTRICTS AURIFÈRES DU TRANSVAAL

Les gisements aurifères sont très nombreux au Transvaal, mais le district le plus connu et le mieux exploité de beaucoup est :

1° Le DISTRICT DE WITWATERSRAND au sud de Prétoria, dont le chef-lieu est Johannesburg, la plus grande ville du Transvaal et qui comprend les Compagnies *Robinson*, *Ferreira*, *Crown-Reef*, *Geldenhuis*, *Stanhope*, etc.

2° Vient ensuite le district de DE KAAP, chef-lieu Barberton, ou se trouve la Compagnie *Sheba*.

3° Au nord du Transvaal se trouve le district de ZOUTPANSBERG, encore peu connu et mal exploité à cause du manque de communication. Ce district passe pour extrêmement riche, et quand le chemin de fer le traversera, il est probable qu'un grand mouvement se produira de ce côté. Une Compagnie vient de se créer à Bruxelles sous le patronage du baron Oppenheim, de Paris, pour la construction de cette ligne.

4° On extrait encore l'or à MALMANI, sur les confins du Béchuanaland et à l'est, dans le district de KOMATIE. On sait qu'il y en existe dans le WATERBERG et de riches spécimens de quartz ont été amenés de MARABASTADT.

Nous ne nous occuperons dans cette brochure que du district le plus connu, celui de WITWATERSRAND, et dans le district de DE KAAP, nous ne parlerons que d'une compagnie, la *Sheba*.

NOTICE

SUR LE MODE DE NÉGOCIATION DES VALEURS SUD-AFRICAINES

Toutes les compagnies figurant sur la liste ci-contre sont enregistrées, soit sous les lois anglaises, soit sous les lois du Transvaal, qui limitent la responsabilité de l'actionnaire au capital nominal du titre.

La plupart de ces valeurs se négocient simultanément à la Bourse de Londres et à celle de Johannesburg. Plusieurs d'entre elles se traitent en outre à Paris, par exemple : *Robinson, Champ d'Or, Bechuanaland, Central african*, etc. Il est probable que de nouvelles compagnies seront prochainement introduites sur notre place et bénéficieront ainsi d'un triple marché.

Les actions, sauf quelques rares exceptions, sont au capital nominal de £1 (25 f. 25).

Certaines compagnies, enregistrées sous les lois anglaises, telles que le *Champ d'Or, Bechuanaland, Central african, Durban Roodepoort*, etc., délivrent des titres au porteur en payant les frais de conversion ; mais le plus généralement les actions sont *nominatives* : jusqu'ici la loi du Transvaal ne permet pas qu'il en soit émis d'autres.

Les titres nominatifs s'échangent par voie de transfert ; l'opération du transfert est aussi simple et aussi peu compliquée que possible Soit pour vendre, soit pour acheter, il suffit de signer une feuille *ad hoc* établie par le courtier. L'acheteur et le vendeur signent sur la même feuille. Ces feuilles s'envoient simplement par la poste. Après les signatures, on les adresse au bureau de la Compagnie pour faire enregistrer le transfert. L'établissement du certificat au nom du nouvel acheteur demande un certain délai qui est rarement inférieur à une quinzaine.

Une fois inscrit sur les registres de la Compagnie, chaque actionnaire reçoit régulièrement par la poste les rapports mensuels, comptes rendus d'assemblées et généralement toutes les communications intéressant la compagnie.

De même pour les dividendes, chaque actionnaire reçoit directement par la poste un chèque à son ordre en livres sterling le montant de ce qui lui revient (voir encore page 94).

La possession d'un certificat nominatif de valeurs Sud-Africaines a sur celle d'un titre au porteur le grand avantage que rien d'important ne se passe dans la Compagnie sans que l'actionnaire n'en soit personnellement et directement prévenu sans retard.

DEUXIÈME PARTIE

LE DISTRICT OU CHAMP AURIFÈRE DU WITWATERSRAND

CHAPITRE I

Aspect général.

La zone aurifère (en anglais, *Gold Fields*, champs d'or) du Witwatersrand est située au sud-est de Pretoria, capitale du Transvaal. C'est un vaste plateau dont l'altitude n'est pas inférieure à 2,000 mètres au-dessus du niveau de la mer et qui s'étend de l'est à l'ouest au milieu de la partie méridionale du Transvaal, un peu au-dessous du 26ᵉ degré de latitude sud. Sa longueur est d'environ cinquante milles anglais et sa superficie de 28,000 hectares. Le pays est plat; toutefois le sol se relève vers le nord en une rangée de monticules qu'on appelle du nom de « Collines du Rand ». (Witwatersrand, est la corruption des mots White Waters Rand : Rangée de collines des Blanches Eaux.) Le versant septentrional de ces collines, faisant face à Pretoria, est escarpé.

Avant la découverte de l'or, les fermes du Rand, aujourd'hui bouleversées par les travaux miniers, étaient recouvertes de maigres prairies où les fermiers élevaient leurs bestiaux. On n'y voyait pas un arbre, ce qui rendait l'aspect du pays singulièrement aride. Depuis lors on en a planté de toutes parts, surtout l'eucalyptus.

CHAPITRE II

DÉCOUVERTE DU GÎTE AURIFÈRE DU WITWATERSRAND

La découverte de l'or au Witwatersrand est attribuée à un fermier Boer, du nom de Struben, qui, à la suite des découvertes aurifères faites par Moodie, en 1884, dans le nord du Transvaal, se livrait à une série de recherches opiniâtres.

Il eut une chance merveilleuse, car rien ne décelait la présence de l'or sur ce plateau semé de petits monticules et présentant l'aspect d'une mer moutonneuse. Un valet de ferme, en creusant un trou, tomba sur une couche de cailloux roulés qui lui parut contenir de l'or. Il en prévint Struben : c'était sur la ferme Langlaagte. Struben ouvrit des tranchées du nord au sud et mit à jour une série de filons dont nous parlons plus loin.

Cette découverte fut faite en avril 1886. Avant cette époque tout le Witwatersrand aurait pu être acquis pour 50.000 francs. Aujourd'hui la valeur de toutes ses propriétés réunies, y compris la ville de Johannesburg bâtie au milieu des mines, est impossible à calculer ; elle dépasse peut-être actuellement *deux milliards* de francs et cela, en six années !

CHAPITRE III

LA VILLE DE JOHANNESBURG

Le 20 septembre 1886, le district de Witwatersrand fut proclamé par le gouvernement du Transvaal « Champ aurifère » ouvert au public. En même temps le gouvernement désigna pour l'emplacement d'une ville la ferme de Randjeslaagte, qui était sa propriété, et baptisa le nouveau centre du nom de « Johannesburg » (Bourg de Jean).

Nous empruntons ce qui suit aux rapports de M. Aubert, consul de France à Pretoria.

« Il n'existait alors sur la ferme de Randjeslaagte qu'une trentaine de tentes et de maisons en fer et en roseaux, dont une dizaine de cabarets, et formant ce qu'on appelait le « Camp Ferreira », du nom du premier explorateur. La population pouvait être de 3 ou 400 mineurs, trafiquants et chercheurs d'or, dont la plupart n'avaient pour tout abri que leur charrette. Dans une autre ferme, celle de Langlaagte, une centaine de mineurs s'étaient établis broyant, avec quelques batteries à bras appelées *dollies*, des morceaux de quartz aurifère recueillis aux environs.

Peu de temps après, le gouvernement mit en adjudication, par parcelles nommées *stands*, le droit d'occupation, pour une période de 99 ans, des terrains de la ferme domaniale de Randjeslaagte, après y avoir tracé des rues et des places. Il y transporta en même temps tous les services publics : postes, télégraphes, commissariat des mines, douanes, tribunal, installés auparavant, tant bien que mal, dans le camp Ferreira. Les 700 premiers stands de la nouvelle ville de Johannesburg offerts à bail le 15 décembre 1886 furent adjugés à des prix variant de 1 fr. 25 c. à 5.000 francs suivant leur situation. Ils se revendirent peu de temps après de 30 francs à 20,000 francs.

Johannesburg devint dès lors le centre des affaires où vint se grouper toute la population éparse aux alentours.

La ville s'accrut avec une rapidité extraordinaire. A la fin de décembre 1886, elle n'avait qu'une seule rue d'occupée. Quatre mois après, trois rues principales traversaient la ville d'un bout à l'autre et il y avait deux hôtels et deux banques. Un théâtre et une salle de concert étaient en voie de construction.....

La ville de Johannesburg comprend actuellement la cité proprement dite et cinq faubourgs. Sa population est d'environ 40.000 habitants. La ville est éclairée à l'électricité ; une compagnie d'eau l'alimente au moyen de conduites dans les rues. Elle possède un hôtel de ville, résidence du bailli, un hôtel des postes et télégraphes, un hôpital de 100 lits qui n'a pas coûté moins de 500.000 fr., une prison, une Bourse, édifice imposant qui contient, outre un hall pour les transactions, une multitude de bureaux, comme la Bourse du Commerce à Paris.

Les différentes religions ont chacune leur lieu de réunion ; les protestants hollandais, une église avec 300 places ; les catholiques, une chapelle avec presbytère et salle d'école ; les anglicans, une église pour 500 fidèles ; les presbytériens, les wesleyens et les israélites, chacun leur temple.

Johannesburg est avant tout une ville d'affaires, très mouvementée, où on trouve toutes les nécessités de la vie, mais peu de confort. La ville est bâtie sur le versant sud des collines de Witwatersrand, aux confins d'une vaste plaine souvent balayée par des vents violents qui soulèvent des nuages de poussière. Elle est à près de 1,600 mètres d'altitude, complètement dépourvue de végétation, et le froid s'y fait vivement sentir en hiver.

Johannesburg est à cinq heures et demie de Pretoria, avec laquelle il est en communication au moyen de cinq voitures publiques par jour en attendant l'ouverture imminente du chemin de fer (1); à vingt-quatre heures de chemin de fer de Kimberley et à trois jours de Natal tant en chemin de fer qu'en malle-poste. Des cabs circulent dans la ville et des voitures publiques rayonnent aux environs.

Depuis le mois d'octobre 1892, Johannesburg est relié au réseau des chemins de fer du Cap; c'est sans aucun doute pour cette cité le commencement d'un développement considérable.

CHAPITRE IV

GÉOLOGIE DU WITWATERSRAND

1° COMPOSITION GÉOLOGIQUE DES COUCHES AURIFÈRES. — On trouve l'or au Witwatersrand dans des couches de pierres roulées par les eaux, comme les galets du bord de la mer, et cimentées ensemble par des grès et des pyrites décomposées. Les Anglais appellent ces couches « *conglomerat* » et les Boers les nomment *« Banket »* en raison de leur ressemblance avec un gâteau aux amandes de ce nom fabriqué dans le pays. On a pu voir des blocs de ce « banket » pendant l'Exposition de 1889, dans le pavillon du Transvaal, érigé au Champ de Mars, en face la gare du chemin de fer Decauville.

2° OPINION DES SAVANTS. — D'après l'opinion des savants, le Rand serait une ancienne plage maritime et ils appuient cette opinion sur la similitude qui existe entre la composition de ce terrain aurifère et celui des rivages de la mer et sur la manière dont l'or est disséminé dans le « banket ». D'après leur théorie, l'or a été déposé par les eaux de la mer, sur cette plage préhistorique, en petits grains et sur plusieurs couches séparées par du sable.

Alors, après des périodes séculaires pendant lesquelles la stratification a pu se solidifier, un puissant soulèvement de la croûte terrestre a redressé la plage tout entière, de telle sorte que les couches qui étaient placées horizontalement se trouvent maintenant dans une direction plus ou moins voisine de la verticale.

L'inclinaison des filons, à partir du point où ils affleurent à la surface du sol, se dirige vers le sud avec un angle variant de 30 à

---

(1) La section du chemin de fer de Johannesburg à Pretoria a été mise en service le 31 décembre 1892.

80 degrés et ce fait a donné naissance à une théorie d'après laquelle toute la ligne du Witwatersrand ne serait que le bord septentrional d'une immense cuvette dans laquelle seraient superposées les différentes couches de sédiment aurifère, couches se relevant comme les bords de ladite cuvette. La figure suivante, page 57, fera mieux comprendre d'ailleurs cette théorie.

1° Le Main Reef et ses Leaders.

3° On désigne sous le nom de *filons* ou *reefs* toutes les couches du conglomérat aurifère dont on a découvert les affleurements sur la surface du district de Witwatersrand. Elles sont excessivement nombreuses; on en compte une trentaine environ. Mais le groupe le plus important est ce qu'on a appelé le « *Main Reef* » (filon principal). Ce groupe est en réalité un faisceau de cinq filons distincts formés du *filon principal* et de *quatre leaders* ou filons secondaires qui sont, en allant du sud au nord, le *South Reef*, le *Middle Reef*, le *Main Reef Leader*, le *Main Reef proprement dit* et *North Reef*.

La position respective de ces divers filons, leur importance, leur inclinaison, etc., sont indiquées dans la figure ci-dessous (page 57) qui nous a paru nécessaire pour bien faire comprendre la question.

« *South Reef*. — L'épaisseur de ce qu'on appelle le *South Reef*, lequel, comme son nom l'indique, se trouve au sud de la série, varie de six pouces à trois pieds; il est, par places, très riche en or, les essais ayant donné occasionnellement de 10 à 12 onces par tonne.

» *Middle Reef*. — Immédiatement au nord du *South Reef* se trouve un reef portant le nom de *Middle Reef*, dont l'épaisseur paraît varier de quelques pouces à plus de deux pieds et qui par places est également excessivement riche en or.

» *Main Reef Leader*. — Un peu plus au nord, à une distance variant entre 20 et 150 pieds du « South reef », on rencontre un petit reef connu sous le nom de « *Main Reef Leader* »; c'est de ce reef qu'on a retiré les plus beaux résultats obtenus jusqu'ici; son épaisseur varie généralement de 6 pouces à 2 pieds; il rend en moyenne de 2 à 6 onces d'or par tonne.

» Main Reef proprement dit. — À une petite distance plus au nord (souvent à quelques pouces seulement), on trouve un très large dépôt : c'est le « Main Reef » proprement dit; son épaisseur varie de 5 pieds jusqu'à 40 pieds; il contient depuis de simples traces d'or jusqu'à une once à la tonne. Cette grande masse de conglomérat n'a

été que fort peu exploitée jusqu'ici, ses « leaders » ou satellites offrant
une plus grande attraction aux mineurs à cause de leur plus grande
richesse ; mais elle aura son tour dans l'avenir.

» *North Reef.* — Au nord du *Main Reef*, à une distance de 20 à
100 pieds, se trouve un autre filon encore presque inexploré et peu
connu, désigné sous le nom de *North Reef*. Autant qu'il a été ouvert
jusqu'ici, son épaisseur paraît varier de 1 à 5 pieds et renferme
depuis des traces d'or jusqu'à une once à la tonne. Il en est de ce
reef comme du *Main Reef ;* son tour viendra quand les frais d'exploitation auront baissé.

3° *bis.* DEEP LEVELS DU MAIN REEF. — La même figure (p.57) dé-
montre également ce qu'on entend par «terrains couvrant le pendage
des filons et par Compagnies *Deep Levels* », mot à mot niveaux profonds.

Poursuivant l'idée que le sous-sol forme à cet endroit une vaste
cuvette, certains experts ont affirmé que le « *Main Reef* » et ses
« leaders », après s'être enfoncés en terre dans une direction presque
verticale (80°), se redressent à une certaine profondeur et se dirigent
vers le sud en une nappe presque parallèle à la surface du sol.

Cela étant admis, on en arrive à conclure que le « *Main Reef* »
traverse successivement le sous-sol de tous les terrains situés au sud
de son point d'affleurement et à des profondeurs d'autant plus
grandes qu'on s'éloigne davantage de ce point vers le sud.

Mais alors il s'ensuit que le *Main Reef* ne reste pas indéfiniment
dans le terrain des Compagnies qui l'exploitent en ce moment,
mais que, bien au contraire, à une certaine profondeur, il sort du
sol de ces Compagnies pour passer sous le terrain voisin dans la
direction du sud.

Donc il suffit, dans ce terrain voisin, de creuser un puits suffisamment profond pour arriver, à un moment donné, à recouper *en
profondeur* le filon que les Compagnies dites du « *Main Reef* » ont
rencontré près de la surface.

La figure page 57 fera mieux comprendre cette théorie.

*Retrouver à des niveaux inférieurs les riches filons que les Com-
pagnies sur le « Main Reef » ont rencontrés près de la surface : tel
est le but des Compagnies Deep Levels ; telle est aussi la raison de
leur nom.*

Le succès des « deep levels » a reçu une consécration éclatante
dans le cas de la Compagnie *Village Main Reef* qui, à la profondeur
de 500 à 600 pieds a recoupé des filons extrêmement riches qu'on
suppose être la continuation en profondeur du Main Reef qui affleure
à la surface du sol dans la propriété de la City et Suburban !

Le succès de la « *Village Main Reef* » a provoqué des demande
considérables pour tous les claims en deep level, tout le long de la
ligne du *Main Reef*. Toutefois, il ne s'ensuit pas, parce qu'une com

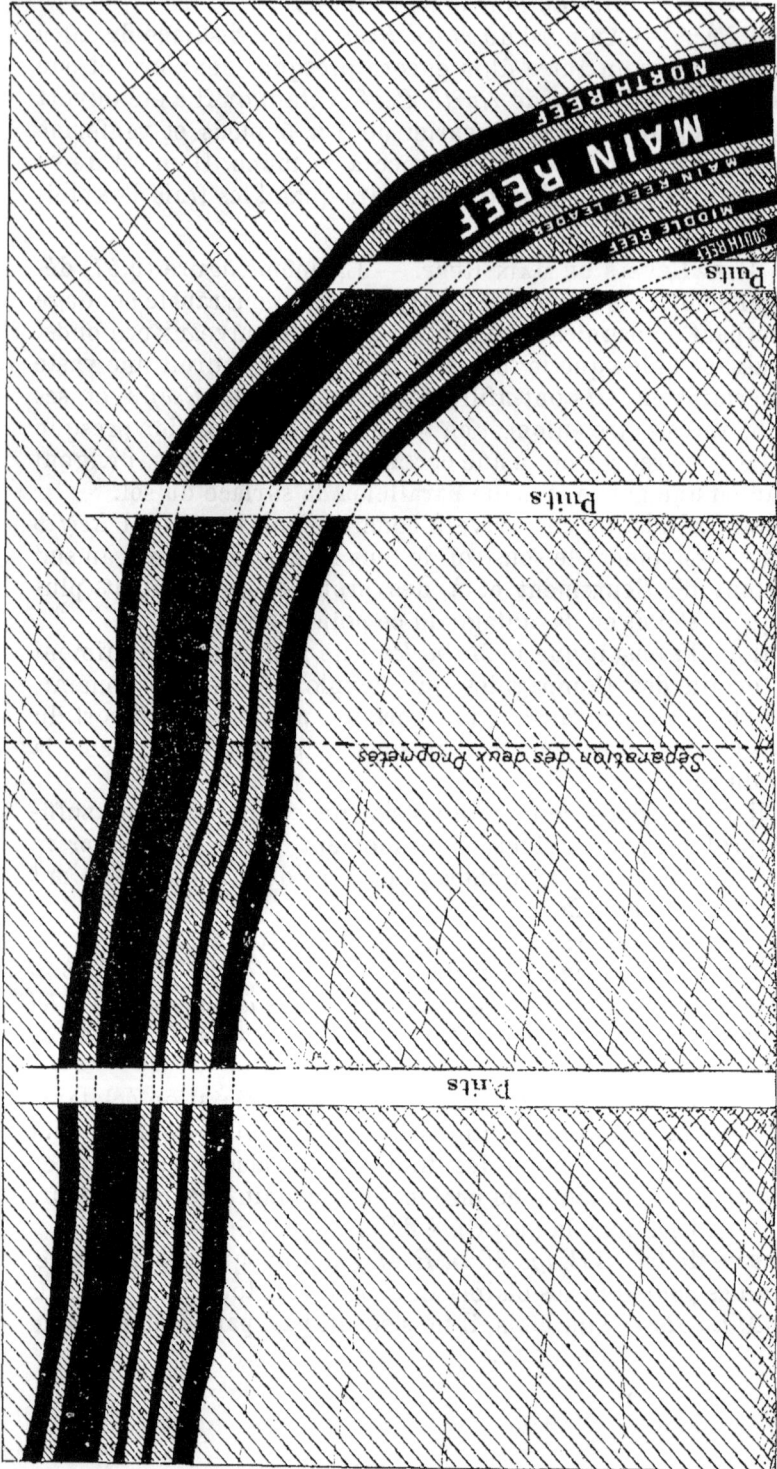

COUPE FIGURÉE DU TERRAIN D'UNE COMPAGNIE SUR LE MAIN REEF
ET D'UNE COMPAGNIE DEEP LEVEL

Cᴵᴱ X........ MAIN REEF   Cᴵᴱ X........ DEEP LEVEL

NORD   Surface 1 du Sol   SUD

MAIN REEF
NORTH REEF
MAIN REEF LEADER
MIDDLE REEF
SOUTH REEF

Puits   Puits   Séparation des deux Propriétés   Puits

Fig. n° 1.

pagnie est « le deep level » d'une mine très riche du *Main Reef*, qu'elle doive devenir forcément une bonne affaire. La théorie de la courbe des filons dans le sous-sol n'est régie par aucune loi positive. Dans telle partie du Rand le *Main Reef* pourra se redresser à une profondeur de 500 pieds et dans telle autre partie à celle de 2,000 pieds seulement. Il est évident également que plus les terrains d'une Compagnie Deep Level seront éloignés de l'affleurement du *Main Reef*, plus cette Compagnie aura à creuser pour le recouper.

2° Longueur du Main Reef.

Le Main Reef a été reconnu sur une longueur de plus de *50 kilomètres* et il est exploité sur toute cette longueur par une multitude de Compagnies. La carte ci-jointe (page 50) indique la position des filons, leur étendue ainsi que la situation respective des compagnies qui les exploitent. Nous devons faire remarquer, toutefois, que le Main Reef n'est pas homogène dans toute son étendue. Certaines Compagnies possèdent le faisceau complet des cinq filons ; d'autres n'en ont que trois ; d'autres n'ont que le « Main Reef » seul.

3° Des autres filons.

Dans le district de Witwatersrand proprement dit, voici, en dehors du Main Reef et de ses *leaders*, les noms des principaux filons ou affleurements (Rapports de M. Aubert.)

Le *Battery* reef, le *Dupreez* reef, le *Syndey* reef, le *Bothas* reef, le *Kimberley* reef, le *Sunday* reef, le *Free State* reef, le *Treasury* reef, le *Nigel* (*Marais* reef], le *Van Wyk* reef, le *Bird* reef, l'*Atwell* reef, le *Black* reef, le *Kelly* reef, l'*Afrikaander* reef, le *Zuurbult* reef, le *Yellow* reef, le *White* reef, l'*Eagle*.

Tous ces filons se rencontrent à une plus ou moins grande distance du Main Reef au nord ou au sud ; le plus éloigné est le *Black Reef*, découvert en 1888 à sept milles environ au sud du Main Reef. Cet affleurement a été tracé par *places* dans une direction parallèle au Main Reef ; malgré la distance qui le sépare de ce dernier, on le classe encore dans le district de Witwatersrand.

Aux confins du Witwatersrand, dans la direction de l'est et près de la ville de Heidelberg, un autre filon, d'une grande richesse, a été découvert : c'est le filon Nigel.

De l'autre côté de Johannesburg et dans la direction du sud-

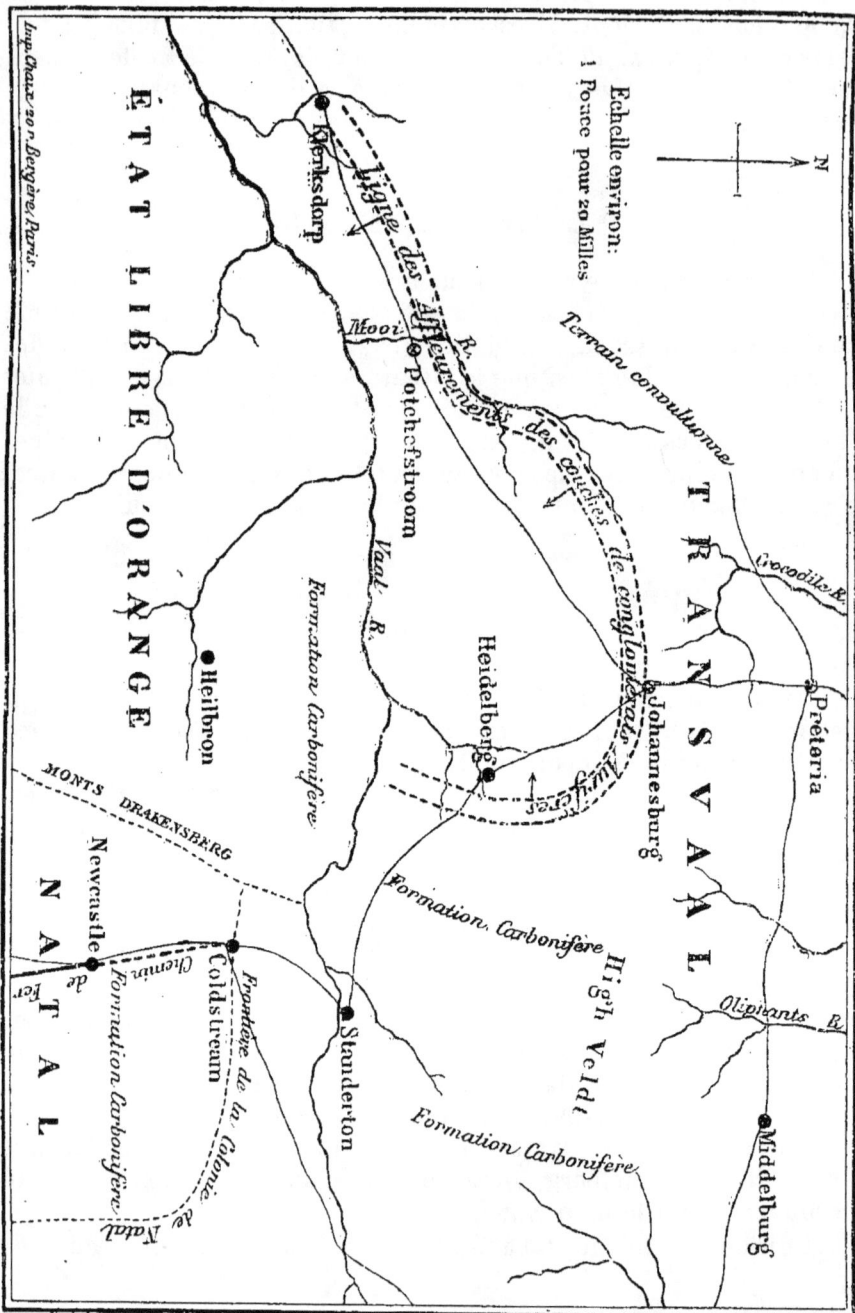

Fig. n° 2.

ouest se trouve le district de Klerksdorp, dans lequel on a trouvé également de nombreuses couches aurifères, mais d'une teneur assez pauvre jusqu'ici.

La carte ci-jointe (page 59) montre la ligne des affleurements des couches de conglomérats aurifères entre Heidelberg et Klerksdorp.

4° Profondeur des filons et durée probable du gîte aurifère du Witwatersrand.

Nous avons vu plus haut que, d'après l'opinion des géologues, le Witwatersrand aurait formé autrefois une vaste mer intérieure au fond de laquelle les eaux auraient déposé petit à petit en couches superposées les débris de roches aurifères arrachées à quelque continent disparu. La longueur prise en droite ligne sur l'affleurement de ces couches à la surface du sol (50 kilomètres) montre que ce lac devait comporter une superficie considérable. Poursuivant la même théorie, on peut admettre que le fond de la cuvette de cette mer doit être couvert des mêmes couches qui affleurent à la surface ; et l'on se trouverait alors en présence d'un dépôt de sédiment aurifère tel que *des générations ne parviendraient pas à l'épuiser.*

On admet qu'un soulèvement terrestre a relevé la partie septentrionale de ce rivage dans une direction voisine de la verticale. A quelle profondeur reprend-il la direction horizontale ? Est-ce à quelques centaines de mètres ou à plusieurs milliers de mètres ? Autant de problèmes que l'expérience seule pourra résoudre.

Tout ce qu'on peut dire aujourd'hui, c'est que les sondages les plus profonds effectués jusqu'ici atteignent la profondeur de 800 pieds et qu'ils ont recoupé les filons au sud de leur effleurement suivant à peu près la même inclinaison observée vers la surface.

On constate encore que la teneur moyenne des filons s'enrichit d'une manière incontestable à mesure que l'on descend, en même temps que le minerai devient pyriteux.

En résumé, et d'après toutes les indications actuelles, l'épuisement du gîte aurifère du Witwatersrand paraît être une question dont la génération présente des mineurs n'a pas se préoccuper.

Voici pour terminer, à propos de l'avenir des exploitations aurifères du Witwatersrand, la traduction d'un passage du journal des Mines de Johannesburg du 5 novembre 1893:

« M. Hamilton Smith, l'ingénieur des mines bien connu, après avoir passé deux mois au Witwatersrand, est actuellement en route pour rentrer en Angleterre.

» Tous les intéressés apprendront avec satisfaction qu'une auto·
rité d'une valeur si incontestable dans les questions minières, s'est
prononcée à différentes occasions d'une manière absolument favorable
en ce qui concerne la richesse des mines d'or. Le but principal de
la visite de M. Smith était de donner son avis sur le développement
futur de certaines mines à niveau profond (deep level) où les travaux
ont été commencés récemment et où deux puits viennent d'être
creusés dans un terrain touchant à celui de la Geldenhuis Estate
Company. En outre, le temps de M Smith a été occupé à prendre
des renseignements généraux concernant le district ainsi qu'à étudier
son avenir, sur lequel il est aujourd'hui à même de se prononcer en
connaissance de cause.

» M. Hamilton Smith a visité une quinzaine de propriétés sur le
« Main Reef » (filon principal) et s'est rendu compte des conditions
pratiques ayant trait à l'exploitation future des « deep levels », c'est-
à-dire des niveaux profonds. Il a exprimé sa ferme conviction que
les circonstances locales sont de nature à justifier l'attente d'une
grande réduction qui se produira sous peu dans les frais d'exploitation, abstraction faite des économies considérables qu'accusent même
actuellement les rapports de toutes les sociétés de premier ordre. En
ce qui concerne l'extraction, M. Smith se hasarde à prédire un rendement mensuel de 300,000 onces en 1896; on peut donc conclure
de ce qui vient d'être dit et de la teneur générale des conversations
de M. Smith, qu'au lieu de diminuer, la production augmentera à
mesure qu'on atteindra des couches plus profondes. »

CHAPITRE V

PRODUCTION AURIFÈRE DU WITWATERSRAND DEPUIS SA DÉCOUVERTE

1° La Chambre des mines de Johannesburg.

Une Chambre des Mines (voir encore p. 26), répondant à peu près à nos Chambres de commerce, a été créée en 1889 à Johannesburg. Du 1er au 10 de chaque mois, la Chambre des Mines recueille auprès de toutes les Compagnies le détail de l'exploitation du mois précédent. Le 10 du mois, elle déclare officiellement la production du district du Witwatersrand tout entier. Cette production est immédiatement télégraphiée en Europe.

En outre, chaque Compagnie télégraphie séparement à ses agents en Europe le chiffre de son rendement, de telle sorte que du 10 au 15 de chaque mois, on connaît ici le résultat officiel du mois passé.

Ces documents sont publiés régulièrement dans notre journal dès qu'ils paraissent.

2° Statistique officielle de la production aurifère du district de Witwatersrand depuis sa découverte.

En onces. — L'once = 31 gr. 0912 = 91 fr.

En 1887 : 34,897

	1888	1889	1890	1891	1892
Janvier	11.269	24.986	35.038	53.205	84.560
Février	12.162	25.800	36.886	50.079	86.649
Mars	14.706	28.075	37.602	52.949	93.300
Avril	15.853	27.136	38.799	56.632	95.562
Mai	19.002	36.298	38.844	54.673	99.436
Juin	16.328	31.272	37.419	55.863	103.252
Juillet	19.966	32.407	39.456	54.920	101.280

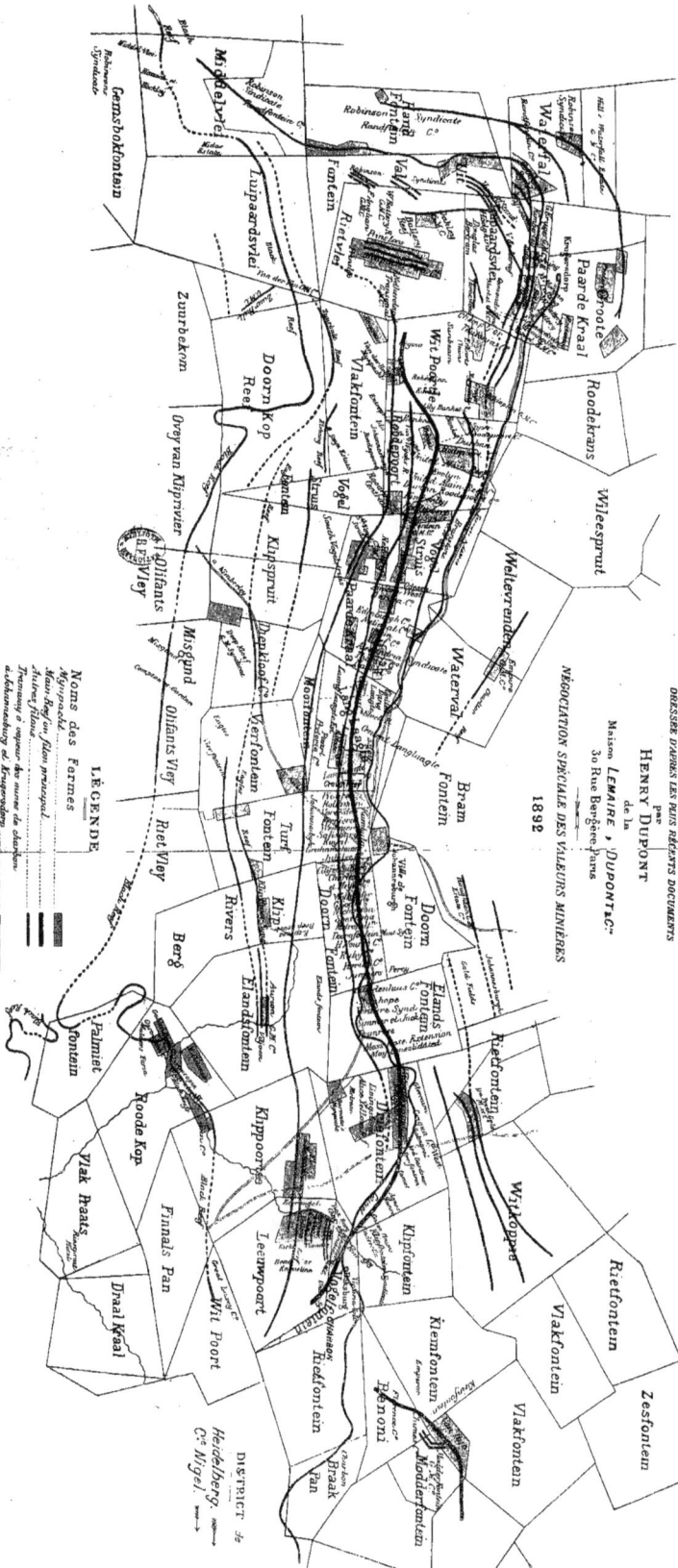

CARTE du

DISTRICT DE WITWATERSRAND

DRESSÉE D'APRÈS LES PLUS RÉCENTS DOCUMENTS

par
HENRY DUPONT
de la
Maison LEMAIRE & DUPONT C°
30 Rue Bergère, Paris

NÉGOCIATION SPÉCIALE DES VALEURS MINIÈRES

1892

Août........	19.877	32.142	42.862	59.070	102.322
Septembre...	20.495	34.369	45.466	65.601	107.851
Octobre	27.775	31.914	45.249	72.793	112.167
Novembre...	27.336	36.116	46.783	73.393	
Décembre ...	26.148	39.218	50.352	80.312	
	230.917	379.733	494.756	725.238	

Calculée à 91 francs l'once, cette production représente en monnaie française :

En 1887	34.897	onces d'or =	3.140.750 fr.
En 1888	230.917	— =	20.782.530 fr.
En 1889	379.733	— =	34.175.970 fr.
En 1890	494.756	— =	44.528.040 fr.
En 1891	725.238	— =	66.368.848 fr.
En 1892	783.777	— =	89.699.329 fr.
(*10 mois*)			

Total en 6 ans.   248.688.302 fr.

Un simple coup d'œil jeté sur ce tableau en dit plus que beaucoup de raisonnements. Il est impossible de ne pas être frappé de l'augmentation croissante et considérable de chaque mois. Nous commentons d'ailleurs plus longuement ces résultats au chapitre de « La production de l'or dans le monde », et nous prions le lecteur de vouloir bien s'y reporter, page 35, et ainsi qu'à l'introduction, page 28.

3° TABLEAU

Principales Compagnies de Mine
DE L'ORIGIN[E]

Fluctuations des Cours et Dividendes depuis l'origine.

NOMBRE ACTUEL D'ACTIONS	CAPITAL NOMINAL DU TITRE	NOMS DES COMPAGNIES	NOM DE LA FERME OU ELLES SE TROUVENT	PLUS HAUT (EN 1889)	PLUS BAS (en 1891)	COURS FIN MARS 1892	DIVIDENDE DE DÉBIT A MARS 1892
	fr.			fr.	fr.	fr.	f. c.
300.000	25	Botha's Reef	123 Luipaardsvlei	50	4	5	»
100.000	25	Champ d'or	49 cl. Witpoortje	»	140	25	2.50
65.000	25	City and Suburban	24 Dornfontein	435	75	140	13.75
65.000	25	Crœsus	16 Langlaagte	125	6	25	»
120.000	25	Crown Reef	69 —	325	95	160	22.15
100.000	25	Durban Roodeport	23 Roodepoort	250	50	75	17.50
80.000	25	Evelyn	30 —	150	8	45	»
45.000	25	Ferreira	11 Turffontein	625	210	250	31 25
175.000	25	Geldenhuis Estate	200 Elandsfontein	110	35	75	5 »
150.000	25	Geldenhuis Main Reef	12	40	5	14	»
200.000	25	Glencairn	12 Driefontein	55	5	15	»
150.000	25	Grahamstown	10 Turffontein	55	4	10	»
100.000	25	Henry Nourse	34 Doornfontein	215	15	50	»
85.000	25	Hériot	39 —	280	14	50	3.75
30.000	25	Jubilee	9 Turffontein	260	70	130	50 »
100.000	25	Jumpers	39 Doornfontein	500	35	50	»
250.000	25	Knight	60 Driefontein	85	8	14	»
450.000	25	Langlaagte Estate	31 Langlaagte	206	60	80	13.40
550.000	25	— Block B	30 —	60	7	14	»
300.000	25	Main Reef	35 Paardekraal	120	5	15	»
450.000	25	May	24 Flandsfontein	62	8	15	»
175.000	25	May deep level	24 —	22	5	10	»
64.500	25	Meyer et Charlton	9 Doorfontein	268	55	87	22 50
50.000	25	New Chimes	27 Benonis	150	40	87	6.25
175.000	25	New Primrose	51 Elandsfontein	145	45	75	3.75
160.000	25	Nigel	5.600 acres	135	60	85	2.50
21.000	25	Pioneer	10 Turffontein	375	80	107	11.25
80.000	25	Princess	35 Roodepoort	115	10	20	»
550.000	125	Robinson	220 acr. Turffontein	153	55	85	12.50
100.000	25	Salisbury	14 —	860	35	70	50 »
85.000	25	Simmer et Jack	31 Elandsfontein	275	75	100	12.50
35.000	25	Stanhope	10 —	225	50	92	24.35
100.000	25	United Roodepoort	53 Roodepoort	90	8	20	»
85.000	25	Van Ryn	50 Van Ryn	72	5	32	»
55.000	25	Wemmer	12 1/2 Turffontein	400	50	95	25 »
70.000	25	Wolhuter	16 Doorfontein	160	6	30	»
100.000	25	Worcester	10 Turffontein	500	25	55	30.60

Les chiffres dans la colonne « Noms de la ferme » indiquent le nombre de claims possédé par chaque C¹ᵉ

RÉCAPITULATIF.

d'or du District de Witwatersrand,

A FIN 1891

Production aurifère depuis l'origine.

L'once d'or = 31 gr. 031 et vaut 91 fr.

1887 et 1888	1889	189	1891				1892
			NOMBRE			TOTAL	
			DE PILONS	DE TONNES BROYÉES	D'ONCES D'OR EXTRAITES	EN FRANCS	
onces	onces	onces					
1.553	1.010	2.389	40	7 455	2.020	»	
»	»	»					
6.343	18.814	13 071	50	21 863	12.408	»	
214	3.798	4.557	10	8.355	4.154	»	
13.098	18.363	37.499	90	69 440	39.835	3.504.350	
3.839	14 539	16.017	70	41.360	23.490	2.154.100	
720	1.392	2.045	20	17.000	4.931	»	
»	220		40	54.700	46.470	4.182.300	
507	4 499	1.238	50	29 980	30.900	2.781.000	
»	739	7.290	15	7.022	3.897	»	
»	»	867	20	»	»	»	
4.058	»	»	5	»	»	»	
4.054	4 327	4.881	15	8.100	5.735	»	
4.921	8.015	5 796	15	1 061	246	»	
7.364	6.505	12 329	15	12.090	8.510	765.900	
11.718	21.778	30.230	50	45.334	16.564	»	
4.975	4.450	2 009	50	21.687	3.275	»	
9.498	61.755	55.950	60	72.851	51.490	4.624.000	
»	»	»	80	64.385	15.014	»	
3.053	2.299	»	20	»	»	»	
2.354	9.948	13.088	70	68.071	5.580		
»	»	591	10	»	»	»	
6.571	4.970	15.556	0	18.720	20.440	1.839.600	
933	5.238	1.527	25	10.020	6.150	551.700	
2.039	3.626	12.795	50	45.870	23.020	2.072.700	
1.594	3 698	13.600	20	11.130	16 800	1.512.000	
6.353	6.760	4.791	15	11 313	11.261	1.024.660	
»	»	8.727	30	35.189	8.672	»	
26.285	75.038	71.822	40	55.390	93.920	8 555.800	
12 222	9.303	8 508	20	9.896	12.424	»	
2 932	12.551	21.262	100	85.700	38 900	3.504.000	
5.300	6.886	6.383	20	17.600	11.050	994.000	
2.092	1.076	11.502	20	26.442	7.479	»	
1.470	4.750	2.199	50	»	»	»	
11.500	8 384	7.017	25	13.880	14.110	1.269.900	
2 158	1.548	684	20	»	»	»	
5.555	8.04	11.472	20	16 450	11.910	1.071.000	

(Pour l'année 1892, voir page 67.)

Le « claim » est l'unité de mesure de surface pour les mines d'or; il mesure 150 pieds × 400 pieds.

4ᵉ TABLEAU RÉCAPITULATIF
DE LA

Production mensuelle du District de Witwatersrand

D'après les documents publiés par la Chambre des Mines de Johannesburg

Mois	Nombre de tonnes broyées	Nombre de pilons en fonctions	Nombre de jours de broyage	Tonnes broyées par pilon & par jour	Quantité d'or produite Total (ozs dwts)	Quantité d'or produite Par tonne (dwts)	Valeur de l'or produit Total (liv. st.)	Valeur de l'or produit Par tonne (liv.st.s.d.)	Valeur produite par pilon et par jour (liv. st. s. d.)
1890									
Janvier...........	»	865	»	»	35.007. »	14.98	»	»	»
Février..........	»	889	»	»	36.887. »	14.68	»	»	»
Mars.............	»	882	»	»	37.780. »	15.03	»	»	»
Avril............	»	950	»	»	38.697. »	13.89	»	»	»
Mai.............	»	1.015	»	»	38.836. »	14.25	»	»	»
Juin............	»	1.010	»	»	37.419. »	14.14	»	»	»
Juillet..........	»	912	»	»	39.437. »	14.27	»	»	»
Août............	»	1.170	»	»	42.863. »	13.33	»	»	»
Septembre.......	»	1.240	»	»	45.846. »	12.61	»	»	»
Octobre.........	»	1.095	»	»	45.249. »	12.21	»	»	»
Novembre.......	»	1.155	»	»	46.783. »	12.44	»	»	»
Décembre........	»	1.345	»	»	50.351. »	12.01	»	»	»
Totaux...		12.558			495.155. »				
1891									
Janvier..........	81.418	1.412	23.05	2.77	53.205. 8	11.98	186.355	2. 1.11	»
Février..........	75.167	1.370	22.71	2.73	50.079. 2	12.48	171.727	2. 3. 8	»
Mars.............	97.350	1.445	25.03	3.15	52.949. 1	9.95	185.610	1.14. 9	4. 8.0
Avril............	98.792	1.465	26.15	2.84	53.371.16	10.33	197.567	1.16. 4	4. 5.9
Mai.............	100.386	1.565	26.09	2.69	54.673. 1	10.17	191.854	1.15. 7	3.16.6
Juin............	94.826	1.490	23.98	2.79	55.863.15	11.25	196.225	1.19. 9	4. 5.9
Juillet..........	102.716	1.475	26.40	2.77	54.924.10	10.63	192.842	1.17. 4	4. 4.5
Août............	92.449	1.589	24.45	2.95	59.070. 4	12.11	207.080	2. 2. 4	4. 2.2
Septembre.......	104.245	1.495	25.87	2.90	65.001.15	11.93	230.468	2. 1. 9	5. 2.9
Octobre.........	106.086	1.419	26.21	2.87	72.793. 8	11.36	255.153	2. 1. 2	5. 9 1
Novembre.......	109.035	1.485	24.13	2.67	73.393.15	11.45	259.058	1.18. 9	4.16.5
Décembre	112.955	1.540	24.27	3.32	80.312.11	11.49	282.897	2. 1. 4	5. 3.4
Totaux...	1.175.465				725.238. 6		2.556.388		
1892									
Janvier..........	119.049	1.560	26.21	2.91	84.560. »	11.04	300.005	1.19. 6	5. 2.
Février..........	119.068	1.610	25.26	3.02	86.649. »	11.67	307.267	2. 1.10	5. 3.1
Mars.............	143.765	1.755	27.23	3.14	93.244. »	10.64	331.465	1.15.10	5. 0.9
Avril............	153.197	1.880	25.22	3.52	95.562. »	9.33	339.368	1.14. 0	4.17.1
Mai.............	162.259	1.990	27.14	2.88	99.436. »	9.99	355.380	1.15.11	4.17.7
Juin............	158.351	2.035	26.48	3.04	103.252. »	9.92	369.383	1.15. 9	4.16.8
Juillet..........	167.685	1.999	26.04	3.25	101.279. »	9.49	360.116	1.14. 5	4.15.0
Août............	174.670	1.955	26.23	3.51	102.322	9.16	361.855	1.13. 1	»
Septembre.......	179.915	2.029	25.54	3.58	107.851	9.29	379.750	1.13. 1	»
Octobre	184.311	2.034	26.13	3.57	112.167	9.13	395.522	1.14. »	»
Novembre.......									
Décembre									
Totaux...									

La colonne « quantité d'or produite par tonne », indique une diminution considérable et croissante de la richesse du minerai. Mais il faut faire observer que les chiffres de cette colonne ne donnent que la teneur du minerai en or libre. À mesure que les travaux s'enfoncent, le minerai devient réfractaire et l'or est combiné avec des pyrites qui sont traitées chimiquement. Le produit du traitement chimique figure dans le total des onces pour le mois, mais non dans le chiffre de la teneur par tonne.

5°. ANNÉE 1892

PRODUCTION MENSUELLE & DIVIDENDES
DES
Compagnies du District de Witwatersrand

Reproduction des Statistiques de la Chambre des Mines de Johannesburg.

Mois	Nombre de tours broyés	Nombre de pilons	Nombre de jours de broyage	Tonnes broyées par jour et par pilon	Quantité d'or produite		Valeur de la production		Dividendes
					Total	Par tonne	Total	Par tonne	
					ozs dwts	dwts	liv. st.	liv. s. d.	
AFRICAN GOLD RECOVERY									
Janvier	»	»	»	»	859. 4	»	3 006	»	
Février	»	»	»	»	539.11	»	1.732	»	
Mars	»	»	»	»	633.16	»	2.118	»	5 % (1.25) div. n° 1
Avril	»	»	»	»	475. 7	»	1 663	»	
Mai	»	»	»	»	436. 0	»	1 526	»	
Juin	»	»	»	»	677 10	»	2 370	»	
Juillet	»	»	»	»	440. 8	»	1.436	»	
Août	»	»	»	»	905. 2	»	2.715	»	
Septembre	»	»	»	»	709. 5	»	2.128	»	
Octobre	»	»	»	»	856. »	»	2.49;	»	
Totaux									
AURORA									
Janvier	2.575	20	28	4.59	620. 6	4.81	2.245	0.17. c	
Février	2.505	20	57 1/2	4.60	650.18	5.19	2.304	0.18. 7	
Mars	2.792	20	28 1/2	4.89	752.10	5.39	2.884	1. 0. 8	
Avril	3.180	20	27	5.88	853. 5	5.36	3.092	0.19. 5	
Mai	2.381	20	28	4.25	904. 0	7.59	3.345	1. 8. 1	5 % (1.25) div. n° 3
Juin	2.371	20	27	4.38	906.11	7.64	3.354	1. 8. 3	
Juillet	2.391	20	25	4.68	902.17	7.55	3.363	1. 8. 1	
Août	2.413	20	27	4.46	905. 2	7.50	3.371	1. 7.11	
Septembre	1.523	20	19	3.99	521. 0	6.84	1.888	1. 4. 9	
Octobre	1.676	20	19	4.38	931.10	11.17	3.468	2. 1. 2	
Totaux									
BANKET									
Janvier	»	20	»	»	234. 4	»	819	»	
Février	»	20		»	136.15	»	479	0.15.11	
Mars	»	20	10	»	63. 0	»	220	»	
Avril	1.450	20	24	3.02	300. 0	4.13	1.050	0.14. 5	
Mai	»	20	22	»	207. 3	»	725	»	
Juin	»	20	22	»	223. 1	»	780	»	
Juillet	1.500	20	24	3.12	271.13	3.62	952	0.12. 8	
Août	1.490	20	21	3.54	242. 6	3.25	877	0.11. 8	
Septembre	700	10	20	3.50	246.15	7.05	924	1. 6. 4	
Octobre	1.514	15	30	3.43	386. »	5. »	1.351	0.17. 6	
Totaux									

Mois	Nombre de tonnes broyées.	Nombre de pilons.	Nombre de jours de broyage	Tonnes broyées par jour & par pilon	Quantité d'or produite		Valeur de la production		Dividendes
					Total	par tonne	Total	Par tonne	
					ozs dwts	dwts	liv. st.	liv. s. d.	

BLACK REEF

Mois									
Janvier.........	1.500	20	26	2.89	463 0	6.16	1.620	1. 1.17	
Février.........	»	20	»	»	531 0	»	1.858	»	
Mars............	1.575	20	27	2.90	579 0	7.35	2·026	1. 5.8.	
Résidus..	»	»	»	»	135 4	»	439	»	
Avril..........	1.400	15	28	3.33	298 6	4.26	1.043	0 14.10	
Mai	1.500	20	26	2.88	401 0	5.34	1.424	0.18.11	
Juin..........	»	20	29	»	379 15	»	1.328	»	
Résidus..	»	»	»	»	755 0	»	2.642	»	
Juillet..........	1.561	20	24	3.21	335 6	4.29	1.173	0.15. 0	
Août	1.442	20	24	2.96	384 18	5.33	1.352	0.18. 8	
Septembre	1.310	20	22	2.88	443. 9	6.77	1.522	1. 3. 2	
Octobre.........	1.240	20	23	2.65	509.15	8.22	1.785	1. 8. 9	
Totaux...									

BLUE SKY

Mois									
Janvier.........	»	10	»	»	229. 0	»	801	»	
Février.........	»	10	»	»	242. 0	»	847	16. 5	
Mars..	500	10	»	»	201. 0	8. 4	704	1. 8. 1	
Avril...........	224	10	»	»	162. 0	14.46	567	2.10. 7	
Mai............ .	»	»	»	»	»	»	»	»	
Juin...........	»	»	»	»	»	»	»	»	
Juillet....	»	»	»	»	»	»	»	»	
Août......	»	»	»	»	»	»	»	»	
Septembre......	»	»	»	»	»	»	»	»	
Octobre.........	»	»	»	»	»	»	»	»	
Totaux...									

CHAMP D'OR

Mois									
Janvier.........	1.500	20	29	2.58	1.214. 0	16.18	4.249	2.16. 7	10%(2.50) div.n°1
Février..........	1.600	20	29	2.75	1.301. 0	16.26	4.553	2.16.10	
Mars..	2.727	30	28	3.18	1.730. 0	12.65	6.055	2. 4. 4	
Résidus.	1.046	»	»	»	393. 0	7.51	1.375	1. 6. 3	
Avril..........	2.500	30	26	3.14	1.724. 0	13.78	6.034	2. 8. 3	
Résidus.	»	»	»	»	362. 0	»	1.267	»	
Mai...........	2.580	30	28	3.01	1.784.19	13.83	6.470	2.10. 1	
Résidus.	»	»	»	»	284. 0	»	994	»	
Juin...........	2.473	30	27	3.05	1.493. 0	12.07	5.411	2. 3. 9	
Résidus.	»	»	»	»	398. 0	»	1.393	»	
Juillet	1.862	30	21	2.95	1.420. 0	12.03	4.060	2. 3. 7	
Résidus.	»	»	»	»	272. 5	»	953	»	
Août...........	2.260	30	22	3.34	1.143.10	10.11	4.004	1.15. 5	
Résidus.	»	»	»	»	393. 0	»	1.179	»	
Septembre	3.138	40	26	3.01	1.137.10	7.24	4.116	1. 6. 2	
Résidus.	»	»	»	»	339. 8	»	1.118	»	
Octobre.........	3.300	40	28	2.94	1.367.19	8.29	4.596	1.10. »	
Résidus.	»	»	»	»	290. »	»	870	»	
Totaux...									

Mois	Nombre de tonnes broyées	Nombre de pilons	Nombre de jours de broyage	Tonnes broyées par jour & par pilon	QUANTITÉ D'OR produite		VALEUR de la production		DIVIDENDES
					Total	Par tonne	Total	Par tonne	
					ozs dwts	dwts	liv. st.	liv. s. d.	

CITY AND SUBURBAN

Mois									
Janvier	3.661	50	27 1/2	2.66	959. 7	5.24	3.596	0.19. 7	
Février	3.395	50	27 1/2	2.58	1.557. 2	8.29	5.643	1.13. 2	
Mars	3.657	50	28	2.61	1.269. 5	6.94	4.605	1. 5. 2	
Avril	3.317	50	27	2.45	1.752. 7	10.56	6.349	1.18. 3	
Mai	4.036	50	26	3.09	2.404.16	11.91	8.718	2. 3. 2	
Juin	4.998	50	27	3.02	2.322.19	11.33	8.362	2. 0. 9	
Juillet	3.438	50	27	2.50	2.351.12	13.68	8.467	2. 9. 2	
Août	3.598	50	27	2.61	2.843. 6	15.82	10.305	2.17. 3	
Septembre	4.037	50	26	3.01	3.210.15	15.90	11.598	2.17. 3	
Octobre	4.425	50	28	3.08	3.484.15	15.75	12.873	2. 18. 3	
Totaux...									

CROWN REEF

Mois									
Janvier	7.025	90	28	2.77	4.442. 1	12.64	15.880	2. 5. 1	
Février	6.713	90	27	2.76	4.159.17	12.36	15.043	2. 4. 9	
Mars	6.810	90	26	2.87	4.285.12	12.58	15.642	2. 5. 1	
Résidus	»	»	»	»	1.327. 5	»	4.645	»	
Avril	7.373	90	28	2.83	4.321. 9	11.72	15.663	2. 2. 5	30 %(7.50)div.nº8
Résidus	»	»	»	»	1.811. 6	»	6.339	»	
Mai	6.940	90	28	2.69	4.024.10	11.59	14.591	2. 2. 6	
Résidus	»	»	»	»	1.657. 0	»	5.799	»	
Juin	7.451	90	28	2.90	3.948.14	10.59	14.117	1.17.10	
Résidus	»	»	»	»	1.825.17	»	6.391	»	
Juillet	1.118	90	29	2.72	3.967.15	11.14	14.386	2. 0. 5	
Résidus	»	»	»	»	1.850. 2	»	6.475	»	
Août	7.933	90	29	2.99	4.197. 8	10.58	15.006	1. 17. 6	
Résidus	6.807	»	»	»	1.805.17	5.30	6.321	0.18. 9	
Septembre	8.271	90	28	3.26	4.418.10	10.65	15.906	1.18. 5	
Résidus	7.016	»	»	»	1.965.10	5.60	5.897	0.17. 6	
Octobre	9.847	90	28	3.78	4.444.18	9.02	15.998	1.12. 5	25 %(6.25)div.nº9
Résidus	8.936	»	»	»	2.333.16	5 22	7.001	0.15. 8	
Totaux...									

DURBAN ROODEPOORT

Mois									
Janvier	3.400	55	26	2.37	2.138. 0	12.57	7.483	2. 1. 8	10 %(2.50)div. nº
Février	4.115	55	25	2.99	2.135. 0	10.37	7.739	1.17. 7	
Mars	4.245	45	25	3.77	2.289. 0	10.78	8.247	1.18.10	
Avril	4.295	45	26	3.67	2.310. 0	10 75	8.085	1.17. 7	
Mai	4.274	45	25	3.80	2.330. 0	10 89	8.446	1.19. 5	
Juin	4.485	50	25	3.58	2.438. 0	10.87	8.787	1.19. 2	10 %(2.50) div.nº7
Juillet	4.745	55	26	3.31	2.565. 0	10.83	9.247	1.18.11	
Août	5.085	55	26	3.55	2.596. 9	10 21	9.410	1.17. 0	
Septembre	5.755	60	26	3.18	2.789. 0	9.69	10.040	1.14.10	
Octobre	5.985	70	26	3.28	3.045. »	10.47	11.038	1.16. »	
Novembre									10 %(2.50)div.nº8
Totaux...									

Mois	Nombre de tonnes broyées	Nombre de pilons	Nombre de jours de broyage	Tonnes broyées par jour & par pilon	Quantité d'or produite		Valeur de la production		Dividendes
					Total	Par tonne	Total	Par tonne	
					ozs dwts	dwts	liv. st.	liv. s. d.	

EVELYN (louée à la United Roodepoort)

Mois									
Janvier	1.600	20	24	3.27	452. 2	5.65	1.638	1. 0. 5	
Février.........	1.532	20	23	5.33	369. 0	4.81	1.337	0.17 6	
Totaux...									

FERN

Mois									
Janvier.........	600	10	16	3.75	273.16	9.12	959	1.11 11	
Février.	450	10	15	3.00	411.12	18.29	2.440	3. 4. 0	
Mars.	361	10	14	2.56	148. 7	8.21	519	2. 5. 9	
Septembre	»	»	26	3 75	»	»	»	»	
Octobre	774	10	»	»	208.16	5.3	781	1.16. 9	
Novembre.......									
Décembre.......									
Totaux...									

FERREIRA

Mois									
Janvier.........	3.763	40	28	3.33	3.528. 5	18.75	12.790	3. 7.11	75% (18.75) div.n°2
Résidus.	»	»	»	»	1 036.15	»	3.629	»	
Février.........	3.982	40	27	3.59	3.704. 0	18.60	13.447	3. 7. 6	
Résidus.	»	»	»	»	1.043.10	»	3.652	»	
Mars...........	4.066	40	29	3.42	2 796.19	13.75	10.136	2. 9.10	
Résidus.	»	»	»	»	1.232. 9	»	4.055	»	
Avril..........	3.992	40	28	3.53	2.801.15	14.03	10.157	2.10.10	
Résidus.	»	»	»	»	1.220. 0	»	4.270	»	
Mai...........	4.418	40	29	3.61	2 350. 8	10.64	8.520	1.18. 4	
Résidus.	»	»	»	»	1.273.15	»	4.526	»	
Juin...........	4.276	40	28	3.71	2 400. 0	11.22	8.700	2. 0. 7	
Résidus.	»	»	»	»	1.067 12	»	3.738	»	
Juillet.........	4.538	40	30	3.79	2.392. 2	10.54	8.671	1.18. 2	50% (12.50) div.n°3
Résidus.	»	»	»	»	1.323. 5	»	4.630	»	
Août..........	4.500	40	28	3.90	2.382. 6	10.58	8.635	1.18. 4	
Résidus.	»	»	»	»	»	»	»	»	
Septembre	4.403	40	28	3.82	2.995.18	13.60	10.854	1. 9. 3	
Résidus.	3.939	»	»	»	941 0	4.77	2.823	0.14. 9	
Octobre........	4.637	40	26	3.75	2.616. 3	12.95	9.817	2. 6 7	
Résidus.	4.056	»	»	»	1.164. 0	5.74	3.393	0.16. 9	
Totaux...									

GARDNER MAIN REEF

Mois									
Mars...........	404	10	15	2.69	97. 6	4.81	340	0.16. 9	
Avril....	633	10	15	2.53	251.16	7.95	882	1. 7.10	
Mai..........	585	10	24	2.43	211. 8	7.22	769	1. 6. 3	
Juin..........	679	10	»	2.71	188. 4	8.54	682	1. 0. 1	
Juillet..........	»	»	»	»	34. 0	»	11	9. »	
Totaux...									

Mois	Nombre de tonnes broyées	Nombre de pilons	Nombre de jours de broyage	Tonnes broyées par jour & par pilon	Quantité d'or produite		Valeur de la production		Dividendes
					Total	Par tonne	Total	Par tonne	
					ozs dwts	dwts	liv.st.	liv.s.d.	

GELDENHUIS MAIN REEF

Mois									
Janvier............	1.358	20	24	2.74	493. 4	7.26	1.725	1. 5. 4	
Février..........	1.194	20	24	2.41	493. 5	8.24	1.723	1. 8.10	
Mars............	1.063	20	27	1.96	352. 0	6.62	1.232	1. 3. 2	
Avril............	»	»	»	»	»	»	»	»	
Mai.............	1.015	10	42	2.41	246 0	»	901	. »	
Juin............	1.330	20	25	2.66	359. 7	5.40	1.301	0.19. 6	
Juillet..........	1.600	20	28	2.78	425. 4	5 32	1.540	0.19. 3	
Août............	1.717	20	28	2.98	552.10	6.43	2.073	1. 4. 1	
Septembre	1.435	20	23	3.02	466.12	6.50	1.690	1. 3. 6	
Octobre.........	1.258	20	24	2.71	638. 2	9.39	2.329	1.14. 3	
Totaux...									

GELDENHUIS ESTATE

Mois									
Janvier..........	3.336	50	29	2.30	2.547.10	15.18	8.918	2.13. 5	15 % (3.75) div. n°3
Février.	3.426	50	27	2.53	3.408. 9	19.89	12.269	3.11. 7	
Mars...........	3.888	50	29	2.68	3.557 16	18.30	12.898	3. 7. 4	
Avril.	7.523	90	29	2.77	3.116. 8	8.28	10.907	1. 8. 4	
Mai....	8.365	90	29	3.20	4.065. 0	9.72	14.722	1.15. 2	
Juin...........	8.350	90	29	3.19	4.171 4	9.99	15.224	1.16. 5	
Juillet.........	8.354	90	28	3.31	4.374 7	10.47	15.966	1.18. 2	
Août.	8.900	90	29	3.35	5.158 5	11.59	17.827	2. 2. 3	
Septembre	8.344	90	29	3.19	5.223.16	12.52	18.908	2. 5. 3	10 % (2.50) div. n°3
Octobre.........	8.413	90	29	3 19	5.345.16	12.70	19.505	2. 6. 4	
Totaux...									

GEO. GOCH (fusionné)

Mois									
Janvier...... ...	»	30	28	»	842. 0	»	2.947	»	
Février.........	2.202	30	26	2.75	753.16	6.84	2.733	3. 4. 9	
Mars	2.311	30	26	2.96	943. 8	8.16	3.434	1. 9. 8	
Avril..........	2.735	30	27	3.37	1.024.14	7.49	3.708	1. 7. 1	
Mai...........	2.385	30.12	28.19	2.12	1.260. 3	10.56	4.567	1.18. 3	
Juin	2.490	30	»	3.19	810. 5	6.34	2.938	1. 3. 7	
Juillet..	2.351	30	28	2.75	789.15	6.71	2.863	1. 4. 5	
Août.......	2.408	30	29	2.76	884.19	7.35	3.207	1. 6. 7	
Septembre	2.202	30	26	2.82	901. 0	8.18	3.378	1.10. 7	
Octobre.........	2.065	30	27	2.54	1.024. »	9.91	3.838	1.17. 1	
Totaux...									

Mois	Nombre de tonnes broyées	Nombre de pilons	Nombre de jours de broyage	Tonnes broyées par jour & par pilon	Quantité d'or produite		Valeur de la production		Dividendes
					Total	Par tonne	Total	Par tonne	
					ozs dwts	dwts	liv. st.	liv. s. d.	

GIPSY MAIN REEF

Mois	Nombre de tonnes broyées	Nombre de pilons	Nombre de jours de broyage	Tonnes broyées par jour & par pilon	Total	Par tonne	Total	Par tonne	Dividendes
Janvier.............	631	15	»	»	188.10	5.97	708	1. 2. 5	
Février....	»	15	»	»	104.14	»	367	0.16. 3	
Mars....	473	15	»	»	116. 0	4.90	396	0.16.10	
Avril............	761	15	»	»	207. 0	5.44	724	0.19. 0	
Mai.............	»	15	»	»	230 10	»	901	»	
Juin	»	15	»	»	351. 0	»	1.272	»	
Juillet........ ..	1.041	15	»	»	405.0	7.78	1.468	1. 8. 2	
Août.....•......	1.170	15	26	3.00	482.11	8.24	1.809	1.10.11	
Septembre	968	15	21	3.07	423.15	8.75	1.536	1.11. 6	
Octobre..........	1.280	15	28	3.04	565.16	8.84	2.075	1.12. 7	
Totaux...									

GLENCAIRN

Mois	Nombre de tonnes broyées	Nombre de pilons	Nombre de jours de broyage	Tonnes broyées par jour & par pilon	Total	Par tonne	Total	Par tonne	Dividendes
Janvier..	2.600	40	29	2.24	1.209. 7	9.30	4.231	1.12. 6	
Février....	2.550	40	28	2.27	1.226.18	9.62	4.294	1.14. 6	
Mars.............	3.284	50	30	2.18	1.519.13	9.25	5.318	1.12. 6	
Avril...	3.273	50	29	2.25	1.564.28	9.55	5.475	1.13. 5	
Mai...	3.150	50	30	2.40	1.601.18	10.17	5.607	1.15. 6	
Juin	3.190	50	27	2.36	1.619.15	10.15	5.869	1.15. 5	
Juillet	3.365	50	30	2.20	1.706.15	10 14	6 186	1.16. 9	
Août............	3.374	50	30	2.21	1.754.14	10.40	6.361	1.17. 8	
Septembre	3.353	50	29	2.28	1 760.12	10.50	6.382	1.18. 0	
Octobre..........	3.306	50	29	2.22	1.765.18	10.48	6.402	1.18. 4	
Totaux..									

HENRY NOURSE

Mois	Nombre de tonnes broyées	Nombre de pilons	Nombre de jours de broyage	Tonnes broyées par jour & par pilon	Total	Par tonne	Total	Par tonne	Dividendes
Janvier..........	920	15	28	2.19	722. 6	15.70	2.528	2.14.11	
Février.	798	15	23	2.26	719.11	18.03	2.518	3. 3. 1	
Mars..	984	15	27	2.16	511.15	11.44	1.790	2. 0. 0	
Avril...... ..	852	15	24	2.36	495. 3	11.62	1.733	2. 0. 8	
Mai..	963	15	25	2.56	635. 0	13.18	2.223	2. 6. 2	
Juin	840	15	23	2.43	724. 0	17.23	2.534	3 0. 4	
Juillet	920	15	27	2.27	661. 6	14.27	2.315	2.10. 4	
Août....	664	20	15	2.21	495.18	14.93	1.798	2.14. 1	
Septembre	1.240	20	28	2.17	999. 8	16.46	3.622	2.19. 8	
Octobre..........	1.319	20	30	2.19	1.009.11	15.30	3.658	2.15. 7	
Totaux...									

Mois	Nombre de tonnes broyées	Nombre de pilons	Nombre de jours de broyage	Tonnes broyées par jour & par pilon	QUANTITÉ D'OR produite		VALEUR de la production		DIVIDENDES
					Total	Par tonne	Total	Par tonne	
					ozs dwts	dwts	liv. st.	liv. s. d.	

JOHANNESBURG PIONEER

Mois									
Janvier	1.276	15	28	3.02	1.028.10	16.12	3.599	2.16.4	
Février	1.138	15	25	3.33	1.008.18	17.61	3.511	3.1.8	
Mars	1.342	15	28	3.15	1.052.15	15.68	3.815	2.16.10	12 1/2 % (3.10)
Avril	1.056	15	25	2.73	1.016.0	19.24	3.678	3.9.7	div. n° 5
Mai	1.259	15	28	2.92	1.018.17	16.18	3.691	2.18.7	
Juin	1.213	15	28	2.87	816.5	13.45	2.959	2.8.9	12 1 2 % (3.10)
Juillet	1.141	15	27	2.81	1.048.15	18.38	4.037	3.10.9	div. n° 6
Août	1.152	15	28	2.50	1.010.2	17.53	3.636	3.3.5	12 1/2 % (3.10)
Septembre	1.047	15	26	2.62	1.029.0	19.65	3.729	4.11.1	div. n° 7
Octobre	1.226	15	27	2.93	2.013.15	16.53	3.667	2.19.9	
Totaux...									

JUBILEE

Mois									
Janvier	970	15	26	2.48	807.18	16.66	2.828	2.17.10	
Résidus	1.117	»	»	»	591.16	10.59	2.072	»	
Février	850	15	25	2.26	680.0	16.00	2.380	2.16.7	5 % (1.25) div.n°34
Résidus	»	»	»	»	560.5	»	1.960	»	
Mars	840	15	»	»	704.4	16.76	2.464	2.18.8	5 % (1.25) div.n°35
Résidus	1.954	»	»	»	611.1	6.25	2.138	1.1.10	
Avril	938	15	26	2.46	743.6	15.84	2.604	2.15.5	5 % (1.25) div.n°36
Résidus	»	»	»	»	360.18	»	1.368	»	
Mai	925	15	25	2.46	669.12	14.47	2.343	2.10.7	5 % (1.25) div.n°37
Résidus	»	»	»	»	158.5	»	1.553	»	
Juin	939	15	25	2.50	724.17	15.43	2.623	2 15.9	5 % (1.25) div.n°38
Résidus	»	»	»	»	275.16	»	946	»	
Juillet	1.100	15	27	2.71	800.18	14.56	2.903	2.12.9	5 % (1 25) div.n°39
Résidus	1.275	»	»	»	406.17	6.46	1.221	0.19.1	
Août	»	»	»	»	711.14	»	2.485	»	
Concentrés	1.254	15	27	3.04	782.16	12.48	2.819	2.4.11	
Septembre	1.121	15	27	3.06	793.8	14.14	2.855	2.10.10	
Concentrés	15	»	»	»	40	5.33	144	9.12.0	
Résidus	1.534	»	»	»	479.1	6.24	1.347	0.18.0	
Octobre	2.022	35	18	3.34	1.075.12	10 63	3.900	1.18.6	15 % (3.75) div.n°40
Concentrés	16	»	»	»	48.	69.00	192	12.0.0	
Résidus	1 322	»	»	»	479. »	6.49	1.437	»	
Totaux...									

JUMPERS

Mois									
Janvier	3.456	50	29	2.38	885.11	5.12	3.101	0.17.11	
Février	3.428	50	27	2.53	887.11	5.17	3.107	0.18.1	
Mars	3.732	50	29	2.57	938.0	5.13	3.472	0.18.11	
Avril	3.976	50	29	2.74	1.213.10	6.10	4.247	1.1.4	
Mai	3.736	50	30	2.49	1.358.7	7.27	4.924	1.6.4	
Juin	3.384	50	29	2.33	1.509.9	8.92	5.396	1.11.10	
Juillet	3.520	50	30	2.34	1.530.10	8.69	5.472	1.11.1	
Août	3.740	50	30	2.49	1.600.2	8 55	5.800	1.11.0	
Septembre	3.664	50	30	2.44	1.753.0	9.56	6.354	1.14.9	
Octobre	3.872	50	30	2.58	8.180.9	11.26	7.903	2.0.9	
Concentrés	88	»	»	»	294.	66.21	1.176	13.0.0	
Spécial	»	»	»	»	1.600. »	»	5.800	»	
Totaux...									

Mois	Nombre de tours broyées	Nombre de pilons	Nombre de jours de broyage	Tonnes broyées par jour & par pilon	Quantité d'or produite		Valeur de la production		Dividendes
					Total	Par tonne	Total	Par tonne	
					ozs dwts	dwts	liv. st.	liv.s.d.	

LANGLAAGTE ESTATE

Mois	Nombre de tours broyées	Nombre de pilons	Nombre de jours de broyage	Tonnes broyées par jour & par pilon	Quantité d'or produite Total	Par tonne	Valeur de la production Total	Par tonne	Dividendes
Janvier..	6.011	60	29	3.43	4.251. 0	14.15	15.902	2.12 10	5% (1.25)div.n°4
Février...	6.114	60	27	3.77	4.306. 6	14.08	15.609	2.11. 0	
Mars...	16.451	120	29	3.91	6.007. 0	7.30	21.624	1. 6. 3	
	»	60	10	»	»	»	»	»	
Avril..	16.827	180	28	3.23	6.961. 0	8.27	25.233	1. 9.11	
Mai..	17.310	180	28	3.33	7.002. 0	8.09	25.382	1. 9. 3	
Juin.	20.435	80	28	3.98	7.204. 0	7.04	26.115	1. 5. 6	
Juillet	14.501	120	30	4.01	6.171.10	8.51	22.219	1.10. 7	10% (2.50) div. n° 2
Résidus.	»	»	»	»	1.015. 0	»	2.950	»	
Août..	17.049	120	30	4.66	6.105. 0	7.16	22.109	1.05.10	
Résidus.	16.560	»	»	»	1.922.	3.64	5.766	0.10.10	
Septembre..	16.800	120	29	4.77	5.884. 0	7.00	21.182	1. 5. 2	
Résidus.	9.770	»	»	»	3.424. »	7.00	10.272	1. 1. 0	
Octobre..	17.817	121	30	4.83	5.648. »	6.34	20.333	1. 2. 9	
Résidus.	11.385	»	»	»	3.389. »	5.96	10.167	0.17.10	
Totaux...									

LANGLAAGTE BLOCK B

Mois	Nombre de tours broyées	Nombre de pilons	Nombre de jours de broyage	Tonnes broyées par jour & par pilon	Quantité d'or produite Total	Par tonne	Valeur de la production Total	Par tonne	Dividendes
Janvier...	6.272	60	29	3.51	2.200. 0	7.01	7.900	1. 5. 2	
Février...	5.804	60	28	3.39	2.479. 0	8.54	8.985	1.10.11	
Mars...	6.675	60	30	3.64	2.250. 0	6.74	8.098	1. 3. 8	
Avril...	6.262	60	29	3.58	2.008. 0	6.41	7.279	1. 3. 2	
Mai...	6.420	70	29	3.98	2.086. 0	6.50	7.561	1. 3. 6	
Juin.	8.267	80	29	3.53	1.994. 0	4.82	7.228	0.17. 6	
Juillet...	8.315	80	30	3.45	1.851. 0	4.45	6.663	0.16. 0	
Août.	9.945	80	30	4.10	2.003. 0	4.02	7.260	0.14. 7	
Septembre..	9.372	80	29	4.00	1.959. 0	4.18	7.052	0.15. 0	
Octobre...	10.136	80	30	4.82	1.784. »	3.52	6.422	0.12. 8	
Totaux...									

LANGLAAGTE ROYAL

Mois	Nombre de tours broyées	Nombre de pilons	Nombre de jours de broyage	Tonnes broyées par jour & par pilon	Quantité d'or produite Total	Par tonne	Valeur de la production Total	Par tonne	Dividendes
Janvier...	3.055	35	28	3.03	1.311.14	8.58	4.920	1.12. 2	5% (1.25)d v.n°2
Février.	3.210	35	27	3.29	1.433.18	8.93	5.198	1.12. 3	5% (1.25)div.n° 3
Mars...	3.765	35	30	3.84	1.527.10	8.11	5.537	1. 9. 4	
Avril..	3.465	35	29	3.41	1.485.10	8.57	5.385	1.11. 1	5% (1.25)div. n° 4
Mai...	3.950	40	28	3.43	1.623.12	8.22	5.885	1. 9. 9	
Juin...	3.765	40	»	3.32	2.008. 0	10 66	7.279	1.18. 8	5% (1.25)div.n° 5
Juillet...	3.745	40	28	3.28	1.664.16	8.89	6.035	1.12° 3	
Août...	3.585	40	27	3.24	1.554.	8.67	5.633	1.11. 5	
Septembre...	4.085	40	28	3.55	1.584.17	7.75	5.745	1. 8. 1	5% (1.25)div.n°4
Octobre..	3.660	40	29	3.08	1.523. 7	8.82	5 520	1.10. 2	
Totaux...									

Mois	Nombre de tonnes broyées	Nombre de pilons	Nombre de jours de broyage	Tonnes broyées par jour et par pilon	Quantité d'or produite		Valeur de la production		Dividendes
					Total	Par tonne	Total	Par tonne	
					ozs dwts	dwts	liv.st.	liv.s.d.	

LANGLAAGTE UNITED

Mois	Nombre de tonnes broyées	Nombre de pilons	Nombre de jours de broyage	Tonnes broyées par jour et par pilon	Total	Par tonne	Total	Par tonne	Dividendes
Avril	600	10	21	2.87	133. 0	4.43	465	0.15. 6	
Mai	»	10	»	»	152.12	»	530	«	
Juin	»	10	13	4.57	466. 8	9.44	1.697	1.14. 0	
Juillet	»	»	»	»	»	»	»	»	
Septembre	1.947	20	15	3.74	947. 6	9.73	3.343	1.15. 5	
Octobre	2.010	20	30	3.35	804.15	8.00	2.918	1. 9. 0	
Totaux...									

LANGLAAGTE WESTERN

Mois	Nombre de tonnes broyées	Nombre de pilons	Nombre de jours de broyage	Tonnes broyées par jour et par pilon	Total	Par tonne	Total	Par tonne	Dividendes
Janvier	2.540	30	26	3.22	958. 0	7.54	3.353	1. 6. 4	
Février	2.498	30	25	3.33	806.15	6.45	2.822	1. 2. 7	
Mars	2.677	30	28	3.18	1.117.14	8.42	3.910	1. 9. 2	
Juin	988	20	13	4.57	466. 8	9.44	1.697	1.14. 0	
Juillet	1.642	20	22	3.73	612.11	7.46	2.204	1. 6.10	
Août	1.203	20	20	3. »	546.14	9.08	1.970	1.12. 9	
Totaux...									

MAY CONSOLIDATED

Mois	Nombre de tonnes broyées	Nombre de pilons	Nombre de jours de broyage	Tonnes broyées par jour et par pilon	Total	Par tonne	Total	Par tonne	Dividendes
Janvier	6.764	70	29	3.29	2.822. 4	8.34	9 877	1. 9. 2	
Février	6.270	70	28	3.16	2.614. 3	8.33	9.476	1.10. 2	
Mars	6.619	70	28	3.29	2.769. 3	8 36	10.037	1.10. 4	
Avril	6.606	70	28	3.36	2 794. 2	8.45	10.128	1.10. 7	
Mai	5.150	50	30	3.41	2 070. 4	8.04	7.504	1. 9. 1	
Juin	5.015	50	29	3.44	2.006. 0	8.00	7.272	1. 9. 0	
Juillet	5.018	50	28	3.54	2.010. 0	8.01	7.286	1. 9. 0	
Minerai vendu	»	»	»	»	459.10	»	1.610	»	
Août	5.114	50	29	3.43	1.950. 5	7.62	7.215	1. 8. 2	
Concentrés	»	»	»	»	236. 0	»	708	»	
Septembre	4.940	50	28	3.44	1.963. 0	7.94	7.116	1. 8. 9	
Octobre	5.002	50	27	3.59	1.990. 0	7.95	7.214	1. 8.10	
Totaux...									

Mois	Nombre de tonnes broyées	Nombre de pilons	Nombre de jours de broyage	Tonnes broyées par jour et par pilon	Quantité d'or produite		Valeur de la production		Dividendes
					Total	Par tonne	Total	Par tonne	
					ozs dwts	dwts	liv. st.	liv. s. d.	

MAY DEEP LEVEL

Mois	Nombre de tonnes broyées	Nombre de pilons	Nombre de jours de broyage	Tonnes broyées par jour et par pilon	Total	Par tonne	Total	Par tonne	Dividendes
Janvier	700	15	24	1.94	282.12	8.07	990	1. 8. 3	
Février	862	20	22	1 95	539. 0	12.50	1.953	2. 5. 3	
Mars	980	20	26	1.86	703. 4	14.35	2.549	2»12. 0	
Avril	1.150	25	23	2.	784 10	13.64	2.840	2. 9. 4	
Mai	1.215	30	19	2 13	784. 8	12.91	2.843	2. 6. 9	
Juin	1.150	25	24	1.91	641. 3	11 15	2.343	2» 0. 4	
Juillet	1.355	30	22	2.05	813.14	12.01	2.848	2. 2. 0	
Août	1.400	30	26	1.79	857 7	12.24	3.108	2. 4. 4	
Septembre	2.312	30	22	1.95	879. 0	13.10	3.185	2. 7. 5	
Octobre	1.190	50	18	2.14	689 10	11.59	2.498	2. 1.11	
Totaux									

MAIN REEF

Mois	Nombre de tonnes broyées	Nombre de pilons	Nombre de jours de broyage	Tonnes broyées par jour et par pilon	Total	Par tonne	Total	Par tonne	Dividendes
Janvier	3.581	30	24	4.83	1.028. 4	5.74	3.721	1. 0. 9	
Février	4.098	30	25	5.35	1 081. 9	5 27	3.918	0.19. 1	
Mars	3.677	30	27	4.41	1.142. 6	6.23	4.077	1. 2. 3	
Avril	3.671	30	27	4.39	1.043. 2	5.68	3.743	1. 0. 5	
Mai	4.117	30	29	4.73	1.064. 4	5.17	3.857	0.18. 8	
Juin	3.576	30	25	4.50	1 043. 0	5.83	3.755	1. 1. 0	
Juillet	3.755	30	28	4.39	1.126. 3	6.00	4.081	1. 2. 8	
Août	3.811	30	30	4.20	1.161.12	6.09	4.212	1. 2. 1	
Septembre	3.865	35	29	3 70	1.122.18	5.81	1.070	1. 1. 0	
Octobre	3.962	30	27	4.77	1 114.12	5·62	4.038	1. 0. 4	
Totaux									

METROPOLITAN

Mois	Nombre de tonnes broyées	Nombre de pilons	Nombre de jours de broyage	Tonnes broyées par jour et par pilon	Total	Par tonne	Total	Par tonne	Dividendes
Mars	3.388	40	28	3.02	1.114.15	6.58	3.896	1. 2.11	
Avril	3.271	40	28	2.86	1.115.10	6.82	3.853	1. 3. 6	
Mai	3.303	40	28	2.87	848. 5	5.13	3.074	0.18. 7	
Juin	3.424	40	27	3.11	910. 7	5.31	3.310	0.19. 4	
Juillet	3.162	40	27	2.92	712.10	4.50	2.582	0.16. 8	
Août	2.542	40	24	2.62	601. 0	4.72	2.170	0.27. 0	
Septembre	2.836	40	27	2.62	647.10	4 56	2.346	0.16. 5	
Concentrés	27	»	»	»	22. »	16.85	68		
Octobre	3 118	40	26	2.94	646. 5	4.1?	2.341	0.15. »	
Totaux									

Mois	Nombre de tonnes broyées	Nombre de pilons	Nombre de jours de broyage	Tonnes broyées par jour et par pilon	Quantité d'or produite		Valeur de la production		Dividendes
					Total	Par tonne	Total	Par tonne	
					ozs dwts	dwts	liv. st.	liv. s. d.	

MEYER AND CHARLTON

Mois	Nombre de tonnes broyées	Nombre de pilons	Nombre de jours de broyage	Tonnes broyées par jour et par pilon	Total	Par tonne	Total	Par tonne	Dividendes
Janvier	1.855	30	28	2.16	1.895. 5	20.33	6.963	3 14. 5	
Février	1.820	30	27	2.18	1.700. 6	18.68	6.192	3. 7. 8	
Mars.	1.988	30	31	2.13	1.624.15	16.34	5.890	2.19 3	
Avril	1 821	30	26	2.29	1 412. 4	15.51	5.084	2.15.10	
Mai.............	1.922	30	29	2.20	1.349. 5	14.04	4.890	2.10 10	
Résidus.	»	»	»	»	146. 0	»	511	»	
Juin............	1.922	30	27	2 31	1.341. 9	13.95	4.860	2.10. 6	20 % (5fr.) div. n°10
Résidus.	»	»	»	»	417. 3	»	1.876	»	
Juillet..........	2.127	30	28	2.51	1.362. 8	12.81	4.938	2. 6. 5	
Résidus.	»	»	»	»	375.13	»	1 316	»	
Août	1.939	30	26	2.46	1 500 14	15 47	5.550	2.17. 3	
Résidus.	1.280	»	»	»	485 9	7.58	1.436	1. 2 9	
Septembre	1.948	30	26	2.49	1.642. 1	16.81	6.080	3 8. 6	
Résidus.	1 271	»	»	»	571.14	8.09	1.544	1. 4. 3	
Octobre.........	1 966	30	27	2.41	1.623. 9	16.51	5.844	2.19.10	
Résidus.	1.023	»	»	»	431. 6	8.43	1.294	1. 5. 3	
Totaux...									

MEYER AND LEEB

Mois	Nombre de tonnes broyées	Nombre de pilons	Nombre de jours de broyage	Tonnes broyées par jour et par pilon	Total	Par tonne	Total	Par tonne	Dividendes
Janvier..........	840	10	29	3 50	259. 8	6.17	906	1. 1. 7	
Février..........	1 035	10	23	4.50	291. 0	5.62	1.018	0.19. 8	
Mars..	1.300	15	29	2.99	355 17	5.47	1.246	0 19. 2	
Avril	1.400	15	28	3.33	298. 6	4.26	1.043	0.14.10	
Mai.............	1.460	15	29	3 33	292.16	4.03	1 025	0.14. 1	
Juin	1.450	15	29	3.33	442. 0	6.09	1.547	1. 4. 2	
Juillet	»	15	»	»	329.10	»	1.155	»	
Août............	1.500	15	29	3 44	394. 7	5.25	1.428	0.19. 0	
Septembre	1.530	15	29	3.51	390. 0	5.10	1.368	0.17.10	5 % (1.25) div. n° 1
Octobre.........	1.643	15	31	3.53	344 16	4.19	1.248	0.15. 2	
Totaux...									

MODDERFONTEIN

Mois	Nombre de tonnes broyées	Nombre de pilons	Nombre de jours de broyage	Tonnes broyées par jour et par pilon	Total	Par tonne	Total	Par tonne	Dividendes
Mai.............	900	10	30	3 »	760. 0	16 88	2.755	3. 1. 2	
Juin..	650	10	25	2.68	512.14	15.77	1.859	2. 17 2	
Juillet..	700	10	»	»	428. 4	12.23	1.605	2. 5.10	
Totaux...									

MOSS ROSE

Mois	Nombre de tonnes broyées	Nombre de pilons	Nombre de jours de broyage	Tonnes broyées par jour et par pilon	Total	Par tonne	Total	Par tonne	Dividendes
Janvier..........	1.000	25	13	3.07	830.12	16.61	2.908	2.18.11	

Mois	Nombre de tonnes broyées	Nombre de pilons	Nombre de jours de broyage	Tonnes broyées par jour et par pilon	Quantité d'or produite		Valeur de la production		Dividendes
					Total	Par tonne	Total	Par tonne	
					ozs dwts	dwts	liv. st.	liv. s. d.	

NABOB

Mois	Nombre de tonnes broyées	Nombre de pilons	Nombre de jours de broyage	Tonnes broyées par jour et par pilon	Total	Par tonne	Total	Par tonne	Dividendes
Mai.........	»	10	»	»	148.15	»	521	»	
Juin..........	»	10	»	«	213.16	»	748	»	
Juillet........	550	10	«	»	163.18	5.96	5.94	1. 1. 7	
Août........	610	10	«	.	164. 0	5.36	5.94	0.19. 5	
Septembre...	560	10	16	3 50	168.10	6.01	6.11	1. 1. 6	
Octobre......	875	10	28	3.11	295. 4	6.74	10.32	1. 3 7	
Totaux...									

NEW AURORA WEST

Mois	Nombre de tonnes broyées	Nombre de pilons	Nombre de jours de broyage	Tonnes broyées par jour et par pilon	Total	Par tonne	Total	Par tonne	Dividendes
Janvier.........	2.631	30	24	3 57	724. 9	5.50	2.626	0.19.11	
Février.........	2.450	30	25	3.39	848 10	6.68	2.969	1. 3. 4	
Mars..........	2 899	30	25	3.84	973.10	6 71	3.406	1. 3. 6	
Avril..........	3.211	30	27	3 96	885.15	5.51	3.322	1. 0. 1	
Mai...........	3.117	20	25	4 10	1.066.18	6.84	3.860	1. 4.15	
Juin..........	3 017	30	25	3.91	1.148. 6	7.61	4.363	1. 8 10	
Juillet.........	3.187	30	25	4.25	926. 5	5.81	3.520	1. 2. 1	
Août..........	3.298	30	26	4.11	1 125. 0	6.82	4.274	1. 5. 4	5 % (1.25) div. n° 1
Septembre	3.259	30	26	4.09	1.203.16	7.38	4.572	1.14. 2	
Octobre.......	3.667	30	29	4.14	1.160. 0	6.49	4.492	1. 4. 4	
Totaux...									

NEW CHIMES

Mois	Nombre de tonnes broyées	Nombre de pilons	Nombre de jours de broyage	Tonnes broyées par jour et par pilon	Total	Par tonne	Total	Par tonne	Dividendes
Janvier.....	3.404	75	24	2.43	2.502.17	14.70	8.760	2.11. 6	5 % (1.25) div. n° 1
Février.........	4.022	75	21	2.55	2.479. 6	12.32	8.987	2. 4. 8	5 % (1.25) div. n° 2
Mars..........	4.137	75	22	2.50	2.602.15	12.57	9.435	2. 5.11	5 % (1.25) div. n° 3
Avril.........	4.020	75	20	2.51	2.772. 3	13.88	10.121	2 10. 4	5 % (1.24) div. n° 4
Mai...........	4.262	75	25	2.27	2.84.191	53.85	10.317	2. 8. 4	5 % (1.25) div. n° 5
Juin..........	3.876	75	23	2.20	2.586.19	13.34	9.377	2. 8. 4	5 % (1.25) div. n° 6
Juillet........	3.895	60	26	2.84	2.471 »	12.68	8.961	2. 6.. 0	
Août..........	4.184	65	28	2.29	2.487. 5	11.88	9.015	2. 3. 1	
Septembre	3.914	75	24	2.17	2.328.11	11.89	8.441	2. 3. 1	10 % (2.50) div. n° 7
Octobre........	3.872	75	23	2.24	2.383.10	12.31	8.639	2. 4. 9	
Totaux...									

Mois	Nombre de tonnes broyées	Nombre de pilons	Nombre de jours de broyage	Tonnes broyées par jour et par pilon	Quantité d'or produite		Valeur de la production		Dividendes
					Total	Par tonne	Total	Par tonne	
					ozs dwts	dwts	liv. st.	liv. s. d.	

NEW CROESUS

Mois									
Janvier	1.882	20	26	3.61	828. 0	8.79	2.992	1.11. 9	
Février	17.70	20	24	3.68	540.17	6.11	1.958	1. 2. 1	
Mars	2.401	20	23	4.43	875. 8	8.57	3.447	1 10.10	
Avril	2.454	20	27	4.51	1.134.19	9.25	4.197	1.13. 5	5 % (1.25) div. n° 1
Mai	2.550	20	29	4.39	1.135.12	9.06	4.188	1.12.10	
Juin	2.638	20	28	4.71	1.178. 1	8.93	4 270	1.11.11	
Juillet	2.434	20	26	4.68	999. 9	8.21	3.622	1. 9. 9	
Août	2.051	15	30	4.55	1.008.18	9.83	3.657	1.15. 8	5 % (1.25) div. n° 2
Septembre	2.033	25	19	4.28	919.15	9.04	3.332	1.12. 8	
Octobre	2 245	20	20	4.00	1.011.10	9.08	3.665	1.12. 7	
Totaux									

NEW PRIMROSE

Mois									
Janvier	5.171	55	27	3.48	2.765.13	10.69	10.024	1.18. 9	5 % (1.25) div. n°3
Février	6.410	60	27	3.95	4.086.14	12.75	14.815	2. 6. 2	
Mars	6.630	70	27	3.50	4.580.13	12.81	16.033	2. 8. 4	5 % (1.25) div. n°4
Avril	8.310	75	27	4.10	4.292.15	10.33	15.025	1.16. 4	
Mai	9.010	100	19	4.62	3.415. 9	7 57	11.952	1. 6. 6	
Résidus	2.100	»	»	»	728.14	6.94	2.555	1. 4. 3	
Juin	8.760	100	21	4.17	3.131.15	7.15	11.290	1. 5. 9	7 1/2(1.87) div.n°5
Résidus	»	»	»	»	1 143. 8	»	4.002	»	
Juillet	9.240	100	22	4.10	3.397.17	7.35	12.320	1. 6. 7	
Résidus	»	»	»	»	1.413. 8	»	4.946	»	
Août	9.820	100	24	4.09	3.620. 2	7.3	73.120	1. 6. 8	
Résidus	6.100	»	»	»	1.435. 8	4.70	15.023	0.16. 6	
Septembre	10.560	100	26	4.06	4.504.13	8.53	16.329	1.10.11	5 % (1.25) div.n°6
Résidus	5.500	»	»	»	1.575.15	5.73	4.727	0.15. 9	
Octobre	9.260	100	20	4.66	4.159. 6	8.98	15.076	1.12. 7	
Résidus	6.000	»	»	»	1.966.10	6.55	5.900	0.19. 6	
Totaux									

NEW RIETFONTEIN

Mois									
Mars	»	20	27	»	805. 0	»	2.817	»	
Avril	1.310	20	27	2.42	822. 8	12.55	2.980	»	
Mai	1.245	20	27	2.26	1.002. 7	16.10	3 634	2.18. 4	
Juin	1.345	20	19	2.40	1.066.16	15.86	3.866	2.16. 0	
Juillet	1.214	20	23	2.58	1.126. 0	18.55	4.054	3. 6. 9	
Août	1.251	20	29	2.15	1.191.11	19.05	4.420	3.11 5	
Septembre	1.250	20	29	2.15	1.202. 0	19.23	4.357	3. 9. 8	
Octobre	1.210	20	22	2.68	1.263. 7	20.88	4.642	3 16. 8	
Totaux									

Mois	Nombre de tonnes broyées	Nombre de pilons	Nombre de jours de broyage	Tonnes broyées par jour et par pilon	Quantité d'or produite		Valeur de la production		Dividendes
					Total	Par tonne	Total	Par tonne	
					ozs dwts	dwts	liv. st.	liv. s. d.	

NIGEL

Mois	Nombre de tonnes broyées	Nombre de pilons	Nombre de jours de broyage	Tonnes broyées par jour et par pilon	Quantité d'or produite Total	Par tonne	Valeur Total	Par tonne	Dividendes
Janvier	1.327	25	28	1.86	2.279 13	34.36	7.979	6. 0. 4	10 % (2.50) div. n°1
Résidus.	1.344	»	»	»	2.272.12	40.03	9.493	7. 1. 3	
Syndicat.	508	»	»	»	704.10	27.73	2.464	4.17. 0	
Février	1.383	25	24	2.25	2.270. 9	32 83	8.228	5 18.11	
Résidus.	1.546	»	»	»	2 070. 0	26.77	7.245	4.13. 8	
Syndicat.	409	»	»	»	507. 3	25.35	1.774	4. 8. 8	
Mars	1.308	25	27	1.91	2.269 5	34.69	8.225	6. 5. 9	
Résidus.	1.424	»	»	»	1.893.17	26.31	6.629	4.13. 1	
Syndicat.	»	»	»	»	252.18	»	884	»	
Avril	1.289	25	26	1.96	2.162. 7	33.55	7 776	6. 0. 8	
Résidus.	1.323	»	»	»	1.894. 3	28 63	6.629	5. 0. 2	
Syndicat.	»	»	»	»	691. 7	»	2.418	»	
Mai	1.389	25	29	1.85	2 253. 2	32.44	8.165	5.16. 1	
Résidus.	1 181	»	»	»	1.524.19	25.82	5.337	4.10. 4	
Syndicat.	»	»	»	»	895.12	»	3.136	»	
Juin	1.440	25	27	2.13	2.251. 1	31.26	8.159	5.13. 3	20 % (5 fr.) div. n°2
Résidus.	»	»	»	»	804.13	»	2.186	»	
Syndicat	»	»	»	»	2 990.14	» 1	0.468	»	
Juillet	1.470	25	23	2.52	2.063.02	28.07	7.478	5. 1. 8	
Résidus.	»	»	»	».	2.023. 0	»	7.080	»	
Syndicat.	»	»	»	»	687	»	2.393	»	
Août	1.662	25	27	2.46	2.192.13	26.38	7.670	4.12. 3	
Concentrés.	55	»	»	»	905 3	23.15	2.715	4.89. 5	
Résidus.	1.360	»	»	»	1.202. 5	17.683	6.072	1. 3. 0	
Syndicat.	833	»	»	»	347. 7	8.34	1.042	1. 5. 0	
Septembre	1.884	25	29	2 54	1.201.10	21.24	7.253	3.17. 0	
Concentrés.	57	»	»	»	565. 0	199.00	1.921	»	
Résidus.	2.253	»	»	»	1.153 14	18.41	3.461	2.15. 7	
Syndicat.	542	»	»	»	151. 2	5.37	453	0.15.16	
Octobre	1.616	25	26	2.41	2.287. 1	28 30	8.004	4.17. 2	
Concentrés.	63	»	»	»	467.15	148.50	1.403	23.14.2	
Résidus.	518	»	»	»	1.088.18	42.16	3.266	6. 5.10	
Syndicat	110	»	»	»	319.10	58.07	639	5.16. 2	
Totaux..									

ORIEL

Mois	Nombre de tonnes broyées	Nombre de pilons	Nombre de jours de broyage	Tonnes broyées par jour et par pilon	Quantité d'or produite Total	Par tonne	Valeur Total	Par tonne	Dividendes
Janvier	»	20	29	»	340.10	»	1.193	»	
Février	»	20	29	»	400. 4	»	1.400	»	
Mars	»	15	»	»	387.19	»	1.363	»	
Avril	»	15	29	»	408.18	»	1.431	»	
Mai	»	10	20	»	224.18	»	787	»	
Juin	»	10	26	»	200. 7	»	701	»	
Juillet	1.300	15	17	5.09	247. 8	3.80	865	0.13. 3	
Août	1.200	15	19	4.21	238.11	3.97	835	0.13.11	
Septembre	1.400	10	20	7.00	310. 0	4.43	1.102	0.15. 8	
Octobre	917	10	30	3.05	183. 5	3.99	666	0.14.16	
Totaux...									

Mois	Nombre de tonnes broyées	Nombre de pilons	Nombre de jours de broyage	Tonnes broyées par jour et par pilon	Quantité d'or produite		Valeur de la production		Dividendes
					Total	Par tonne	Total	Par tonne	
					ozs dwts	dwts	liv. st.	liv. s. d.	

ORION

Mois									
Janvier..........	1.743	20	26	3.29	636.19	7.30	2.278	1. 6. 0	
Février..........	1.789	20	28	3.19	892. 2	9.97	3.233	1.16. 1	
Mars..........	»	20	»	»	611. 5	»	2.139	»	
Avril..........	1.839	20	28	3.28	1.113. 8	12.10	3.900	2. 2. 5	
Mai..........	1.752	20	27	3.04	756.19	8.64	2.650	1.10. 3	
Juin..........	2·167	20	26	4.14	553.19	5.11	1.946	0.17.11	
Résidus.	»	»	»	»	929	»	2.845	»	
Juillet..	1.980	20	23	4.21	352.16	3.56	1.235	3	
Résidus.	»	»	»	»	683 3	»	2.030	»	
Août..........	1.898	20	23	4.04	440.15	4.68	1.597	0.16. 9	
Résidus	1.804	»	»	»	451.10	5.00	1.356	0.15. 0	
Septembre......	2.088	20	25	4.01	679. 9	6.50	2.462	1. 3. 3	5 % (1.25) div. n° 1
Résidus.	382	»	»	»	372. »	»	997	»	
Octobre.	1.785	20	24	3.71	449.11	5.04	1.628	0.18. 3	
Résidus.	»	»	»	»	550. »	»	1.650	»	
Totaux...									

PAARL CENTRAL

Mois									
Juin..........	3.591	30	31	3.74	1.326. 0	7.38	4.840	1. 6.11	
Juillet..........	3.098	30	29	3.52	1.220. 0	7.87	4.422	1. 8. 6	
Août..........	3.691	30	29	4.19	1.157. 8	6.27	4.194	1. 2. 8	
Septembre.....	3.441	30	30	3.80	1.118. 0	6.49	4.452	1. 3. 6	
Octobre..........	3.788	30	27	4.57	875. »	4.61	3.164	6.16. 8	
Totaux...									

PRINCESS ESTATE

Mois									
Janvier..........	3.070	30	28	3.61	858.11	5.58	3.004	0.19. 6	
Février..........	3.030	30	26	3.78	805. 8	5.31	2.813	0.18. 7	
Mars..........	4.290	30	26	5.64	904. 9	4.24	3.278	0.15. 3	
Avril..........	3.200	30	29	3.67	960. 2	6. »	3.480	1. 1. 9	
Mai..........	2.700	30	21	4.28	569.13	4.21	2.064	0.15. 2	
Juin..........	»	30	23	»	516.10	»	1.871	»	
Juillet..........	3.034	30	24	4.21	614.10	4 05	2.227	0.14. 8	
Août..........	3.198	30	26	4.06	650. 6	4.07	2.357	0.14. 9	
Septembre......	2.785	30	20	4.54	453. 2	4.68	2.366	0.16.10	
Octobre..........	3.374	30	24	4.56	582.10	3.45	1.911	6.11. 4	
Totaux ..									

6

Mois	Nombre de tonnes broyées	Nombre de pilons	Nombre de jours de broyage	Tonnes broyées par jour et par pilon	QUANTITÉ D'OR produite		VALEUR de la production		DIVIDENDES
					Total	Par tonne	Total	Par tonne	
					ozs dwts	dwts	liv. st.	liv. s. d.	

ROBINSON

Mois	Nombre de tonnes broyées	Nombre de pilons	Nombre de jours de broyage	Tonnes broyées par jour et par pilon	Total (ozs dwts)	Par tonne (dwts)	Total (liv. st.)	Par tonne (liv. s. d.)	DIVIDENDES
Janvier.........	8.007	60	28	4.64	8.816.11	22.02	31.298	3.18. 2	5.% (6.25) div. n°3
Résidus.	»	»	»	»	3.351.19	»	9.476	»	
Concentrés.	»	»	»	»	558.19	»	2.177	»	
Février.........	8.125	60	27	4.88	8.566. 6	21.08	30.410	3 14.10	
Résidus.	»	»	»	»	4.538.17	»	12.860	»	
Concentrés.	»	»	»	»	1.210.17	»	4.974	»	
Mars.........	8.216	60	29	4.60	8.603. 7	20.94	30.540	3.14. 4	
Résidus.	»	»	»	»	3.758. 7	»	10.650	»	
Concentrés.	»	»	»	»	731.15	»	3.010	»	
Avril.........	8.852	60	29	5.08	8.904. 9	20.11	31.610	3.11. 5	
Résidus.	»	»	»	»	3.911.13	»	11.080	»	
Concentres	»	»	»	»	692. 0	»	2.850	»	
Mai...	8.631	60	25	4.82	9.005.14	20.86	31.970	3.14. 0	
Résidus.	»	3	»	»	3.334.16	»	8.850	»	
Concentrés	»	»	»	»	659.18	»	2.720	»	
Juin......	8.769	60	28	5.08	8.455.11	19.28	30.015	3. 8. 6	3.% (3.75) div. n° 4
Résidus	»	»	»	»	3.025.14	»	8.020	»	
Concentrés.	»	»	»	»	602. 0	»	2.473	»	
Juillet.....,	8.627	60	29	4.80	8.203. 0	19.01	29.120	3. 7. 5	
Résidus.	»	»	»	»	3.035.11	»	7.590	»	
Concentrés.	»	»	»	»	745.17	»	3.020	»	
Août.........	8.844	60	29	4.96	7.385. 5	16.70	26.210	2.19. 3	
Résidus.	»	»	»	»	3.112. 1	»	7.949	»	
Concentrés.	»	»	»	»	731. 0	»	2.960	»	
Septembre......	9.010	60	28	5.22	7.512. 5	16.68	26.670	3.19. 2	
Résidus.	»	»	»	»	3.150. 0	»	7.920	»	
Concentrés.	»	»	»	»	736. 0	»	2.980	»	
Octobre.........	8.002	60	29	4.59	7.551. »	18.87	26.410	3. 7. 0	
Concentrés.	»	»	»	»	476. »	»	1.930	»	
Résidus.	»	»	»	»	2.750. 6	»	6.760	»	
Totaux..									

ROBINSON (*Concentrés achetés*).

Mois	Nombre de tonnes broyées	Nombre de pilons	Nombre de jours de broyage	Tonnes broyées par jour et par pilon	Total (ozs dwts)	Par tonne (dwts)	Total (liv. st.)	Par tonne (liv. s. d.)	DIVIDENDES
Janvier..........	»	»	»	»	1.401. 2	»	5.767	»	
Février.........	»	»	»	»	1.133.13	»	4.657	»	
Mars.........	»	»	»	»	1.948.18	»	8.010	»	
Avril......	»	»	»	»	3.014. 3	»	12.430	»	
Mai......	»	»	»	»	2.746. 9	»	10 620	»	
Juin.........	»	»	»	»	1.714.14	»	7.060	»	
Juillet......	»	»	»	»	957. 8	»	3.875	»	
Août......	»	»	»	»	2.075.	»	8.400	»	
Septembre......	»	»	»	»	1.911. 0	»	7.740	»	
Octobre.........	»	»	»	»	2.906.14	»	11.770	»	
Totaux...									

Mois	Nombre de tonnes broyées	Nombre de pilons	Nombre de jours de broyage	Tonnes broyées par jour et par pilon	Quantité d'or produite		Valeur de la production		Dividendes
					Total	Par tonne	Total	Par tonne	
					ozs dwts	dwts	liv. st.	liv. s. d.	

RANDFONTEIN

Mois									
Octobre	4.199	40	30	3.46	1.689. 0	8.04	6.122	1. 9. 3	

ROODEPOORT KIMBERLEY

Mois									
Janvier	»	40	»	»	624. 0	»	2.184	»	
Février	»	40	»	»	476. 6	»	1.666	»	
Mars	»	40	27	»	836. 5	»	2.918	»	
Avril	»	40	»	»	606. 0	»	2.121	»	
Mai	»	40	»	»	567 10	»	1.990	»	
Juin	»	40	»	»	608. 0	»	2.128	»	
Juillet	»	40	»	»	622. 0	»	2.255	»	
Août	»	40	14	»	244. 0	»	879	»	
Septembre	»	30	»	»	372. 0	»	1.302	»	
Octobre	»	40	»	»	408. »	»	1.428	»	
Totaux									

SALISBURY

Mois									
Janvier	1.106	20	24	2.27	1.408.15	25.47	5.107	4.12. 3	
Résidus	900	»	»	»	435.14	9.68	1.580	»	
Février	1.160	20	26	2.23	970.18	16.74	3.398	2.18. 7	
Résidus	1.200	»	»	»	536. 2	8.93	1.871	.11.4 2	
Mars	1.207	20	26	2.25	782. 0	12.95	2.835	2. 6.11	
Résidus	1.008	»	»	»	542. 0	10.75	1.897	1.17. 7	
Avril	1.192	20	26	2.26	911. 7	15 29	3.302	2.15. 5	
Résidus	1.155	»	»	»	504. 1	8 72	1.764	1.10. 6	
Mai	1.232	20	26	2.34	1.117. 0	18.18	4.022	3. 5. 3	
Résidus	1.071	»	»	»	494. 0	9.22	1.410	1. 6. 4	
Juin	1.255	2.	25	2.42	1.418.14	23.40	5.143	4. 1.11	
Résidus	1.068	»	»	»	549. 3	10.27	1.921	1.15.11	
Juillet	1.266	20	25	2.50	1.532. 0	24.20	5.656	4. 9.11	
Résidus	»	»	»	»	506. 0	»	1.616	»	
Août	1.327	20	26	2.54	1.535. 6	23.13	5.564	4. 3.10	
Résidus	818	»	»	»	549. 6	13.43	1.648	2. 0. 3	
Septembre	1.361	20	27	2.49	1.576.18	23.17	5.716	4. 3.11	
Résidus	779	»	»	»	410. 7	10.53	1.231	1.11. 7	
Octobre	1.693	20	30	2.78	1.495.13	17.61	6.233	3.15.10	30.%(7.50)div n°2
Résidus	805	»	»	»	394. »	9.29	1.184	1.11. 7	
Novembre	»	»	»	»	»	»	»	»	
Résidus	»	»	»	»	»	»	»	»	
Totaux									

Mois	Nombre de tonnes broyées	Nombre de pilons	Nombre de jours de broyage	Tonnes broyées par jour et par pilon	Quantité d'or produite		Valeur de la production		Dividendes
					Total	Par tonne	Total	Par tonne	
					ozs dwts	dwts	liv. st.	liv. s. d.	
SIMMER ET JACK									
Janvier	7.526	100	27	2 73	2.541.12	6.75	8.897	1. 3. 7	
Février	7 333	100	26	2.76	2.916.11	7.95	10.207	1. 7.10	10 % (2.50) div. n° 5
Mars	7.450	100	28	2.61	2 966.17	8.01	10.755	1. 8.10	
Avril	7.150	100	30	2.71	2 852. 0	6.99	10.338	1. 5. 4	
Mai	7.172	100	29	2.45	3.387. 4	9.44	12.194	1.14. 0	10 % (2.50) div. n° 6
Juin	7.596	100	28	2.67	3 301.11	8.75	11.967	1.11. 6	
Juillet	7.507	100	26	2.78	3.383. 4	9.02	12.262	1.12. 8	
Août	8.100	100	28	2.88	3 318. 3	8.19	11.786	1. 9. 1	10 % (2.50) div. n° 7
Concentrés	650	»	»	»	115.10	3.55	575	0.17. 8	
Septembre	8.895	100	30	2.83	2.292. »	7.75	11.935	1. 8. 1	
Résidus	700	»	»	»	116. »	3.33	349	0. 9.11	
Octobre	9.094	100	30	3.03	3.309. 1	7.27	913	1. 6. 3	
Concentrés	750	»	»	»	134. »	3.57	482	0.12.10	
Totaux...									
STANHOPE									
Janvier	1.600	20	26	3.07	1.001. 6	12.51	503	2. 3. 9	
Février	1.400	20	23	3 04	904.12	12.92	3.171	2. 5. 3	
Mars	1.250	20	21	2 97	996.14	15.94	3.488	2.15. 9	
Avril	1.600	20	27	2.96	1.022.18	12.78	3.580	2. 4. 9	
Mai	1.520	20	24	3.10	1.113. 6	14.64	4.030	2.13. 0	
Juin	1.600	20	25	3 10	1.211 16	15.14	4.391	2.14.10	
Juillet	1 625	20	25	3.18	1.087 6	13.38	3 939	2. 8. 5	
Août	1 840	20	27	3.34	1.309.14	14.23	4 743	2.11. 6	
Septembre	1 730	20	24	3.60	1 275. 6	14.74	4.622	2.13. 5	
Octobre	1.900	20	28	3.39	1.365. 2	14.36	4.847	2.11. 0	
Totaux...									
STAR									
Janvier	»	30	30	«	572 0	»	2.002	»	
Février	»	30	26	»	664. 0	»	3.324	»	
Mars	3.042	30	25	3.97	648. 0	4.26	2.268	0.14.10	
Avril	»	30	28	»	656. 0	»	2.296	»	
Mai	2 956	30	26	3.71	634. 0	4.28	2.219	0.15. 0	
Juin	3 001	30	26	3.76	359. 0	2.39	1 300	0. 8. 7	
Juillet	2.610	29	26	3.42	616. »	4.72	2.156	0 16. 5	
Août	2.680	29	26	3 44	637. »	4.90	2.308	0.17. 5	
Septembre	2.488	29	26	3.20	657. 0	5.28	2.369	1 19. 0	
Octobre	2.229	29	27	2.84	817.10	7.24	3.057	1. 7. 5	
Totaux...									

Mois	Nombre de tonnes broyées	Nombre de pilons	Nombre de jours de broyage	Tonnes broyées par jour et par pilon	Quantité d'or produite		Valeur de la production		Dividendes
					Total	Par tonne	Total	Par tonne	
					ozs dwts	dwts	liv. st.	liv. s. d.	

TEUTONIA

Mois	Nombre de tonnes broyées	Nombre de pilons	Nombre de jours de broyage	Tonnes broyées par jour et par pilon	Total	Par tonne	Total	Par tonne	Dividendes
Janvier.........	»	20	»	»	607. 8	»	2.201	»	
Février.........	1 174	20	22	2.60	674. 0	11.48	2.443	2. 1. 7	
Juin............	1.512	20	23	3.78	660 9	8.73	2.475	1.12. 8	
Juillet.........	1.001	20	19	2.60	402.	8.03	1 457	2. 8. 6	
Août...........	1 180	17	23	3.02	674. 8	11.42	2.513	2. 2. 6	
Totaux...									

TREASURY (Ancienne Royal).

Mois	Nombre de tonnes broyées	Nombre de pilons	Nombre de jours de broyage	Tonnes broyées par jour et par pilon	Total	Par tonne	Total	Par tonne	Dividendes
Janvier....... ..	470	10	28	1.69	350. 9	14.91	1.227	2.12. 2	
Février.........	615	10	27	2.19	397. 5	12.91	1.459	2. 7. 5	
Mars...........	631	10	30	2.10	394. 0	12.48	1.428	2. 5. 3	
Avril...........	735	25	24	2.57	424.15	11.55	1 487	2. 0. 5	
Mai............	800	15	22	2.42	525. 0	13.12	1.902	2. 7. 6	
Juin...........	1.000	15	28	2.38	628. 1	12.57	2.273	2. 5. 5	
Juillet........	900	15	27	2.22	544. 7	12 09	1.958	2. 3. 4	20 % (7.50) div.nº5
Août...........	880	15	24	2.37	640. 0	14.54	2.120	2. 8. 2	10½% (2.50) div.nº6
Septembre.......	1.180	15	25	2.93	621. 6	11.11	2.215	2. 0. 2	
Octobre.........	1.110	15	29	2.55	730. 0	13.15	2.646	2. 7. 8	5 % (1.25) div.nº7
Totaux...									

UNIFIED MAIN REEF

Mois	Nombre de tonnes broyées	Nombre de pilons	Nombre de jours de broyage	Tonnes broyées par jour et par pilon	Total	Par tonne	Total	Par tonne	Dividendes
Mai...........	»	55	22	»	1.042. 0	»	3.777	»	
Juin...........	»	60	»	»	1.340. 0	»	4.858	»	
Juillet...... ...	4.770	60	16	4.76	1.055. »	4.42	3.904	0.16. 4	
Août...........									
Totaux...									

Mois	Nombre de tonnes broyées	Nombre de pilons	Nombre de jours de broyage	Tonnes broyées par jour et par pilon	Quantité d'or produite		Valeur de la production		Dividendes
					Total	Par tonne	Total	Par tonne	
					ozs dwts	dwts	liv. st.	liv. s. d.	

UNITED MAIN REEF (Roodepoort).

Mois									
Janvier.........	2.110	20	27	3.83	808. 6	7.66	2.828	1. 6. 9	
Février........	2.194	20	24	4.57	1.020. 0	9.30	3.570	1.12. 9	
Mars............	4.677	»	29	»	1.758. 0	7.51	6.372	1. 7. 3	
Avril............	4.974	50	»	»	1.760. 0	7.07	6.380	1. 5. 3	
Mai.............	5.300	55	»	»	1.378. 0	5.20	4.995	0.18.10	
Juin	»	»	»	»	1.206. 0	»	4.372	»	
Juillet........	3.157	40	26	3.02	950. 0	6.01	3.381	1. 1. 5	
Août	3.347	30	29	3.84	1.056. 8	6.15	3.829	1. 2.10	
Septembre	2..20	30	27	3.23	1.056. 0	8.07	3.831	1. 9. 3	
Octobre.........	2.500	30	27	3.69	929. 5	7.43	3.484	1. 6.11	
Totaux...									

VAN RYN

Mois									
Mars........	»	»	»	»	828. 6	»	2.692	»	
Avril	2.156	40	21	2.47	800.15	7.42	2.803	1. 6. 0	
Mai.	2.357	40	25	2.31	982.10	8.33	3.560	1.10. 2	
Juin............	2.102	40	29	2.13	952. 0	9.05	3.403	1.12. 4	
Juillet..........	2.537	40	24	2.58	1.039 17	8.19	3.637	1. 8. 8	
Août...... ...	2.302	50	18	2 45	922. 4	8.01	3.362	1. 9. 1	
Septembre	3 294	50	25	2.58	1.166. 1	7.08	4.227	1. 5. 6	
Octobre.........	3.237	50	28	2.31	1.183.13	7.31	4.289	1. 6. 5	
Totaux...									

VILLAGE MAIN REEF

Mois									
Janvier..........	286	10	12	2 25	371. 0	25.94	1.298	4.10. 8	
Février........ ..	584	10	22	2.58	513. 0	17.57	1.795	3. 1. 5	
Mars.......... ..	462	10	20	2.30	338. 5	14.64	1.220	2.12. 9	
Avril...........	550	10	23	2.36	396. 0	14.40	1.435	2.12. 2	
Mai............	605	10	26	2.32	471.10	15.58	1.707	2.16. 5	
Juin	674	15	23	1 91	505. »	14.97	1.830	2.14. 3	
Juillet...........	785	15	24	2.11	587. 0	14.95	2.127	2.14. 2	
Août	1.200	20	21	2.85	604. »	10.06	2.189	1.16. 2	
Septembre	1.358	20	27	2.52	743.15	10.95	2.695	1. 19. 2	
Octobre....... ..	1.100	20	19	1.99	806. 5	14.66	2.920	2.13. 1	
Totaux...									

Mois	Nombre de tonnes broyées	Nombre de pilons	Nombre de jours de broyage	Tonnes broyées par jour et par pilon	Quantité d'or produite		Valeur de la production		Dividendes
					Total	Par tonne	Total	Par tonne	
					ozs dwts	dwts	liv. st.	liv. s. d.	
WEMMER									
Janvier	1.900	30	24	2.58	1.597.19	16.82	5.992	3. 3. 0	
Février	1.763	30	24	2.44	1.431. 9	16.23	5.189	2.18.10	
Mars	1.478	30	17	2.89	1.379. 3	18.66	4.998	3. 7. 9	
Avril	2.099	30	27	2.59	1.107. 4	10.93	4.154	1.19. 7	
Mai	2.095	30	30	2.32	1.207.12	11.53	4.378	2. 1.10	
Juin	1.881	30	24	2.52	1.444 0	15.35	5.194	2.15. 2	
Juillet	2.061	30	28	2.92	1 567.12	15.21	5.683	2.15. 1	
Août	1.809	30	26	2.15	1.475. 1	16.31	5.350	2.19. 1	
Septembre	2.081	30	26	2.53	1.277 10	12.70	4 639	2. 6. 5	10 % (2.50)div.n°1
Octobre	1.982	30	28	2.36	1.321. 0	13.33	4.288	2. 8. 3	
Totaux									
WOLHUTER									
Mai	2.656	20	»	»	881.16	6.64	3.194	1. 4. 0	
Juin	1.423	20	23	3. 0	750. 0	11.10	2.719	18. 2	
Juillet	2.210	35	»	»	1.177.16	0.05	4.270	1.18. 8	
Août	3.530	35	26	3.77	1.538. 3	8.82	5.647	1.11.11	
Septembre	3.665	35	25	3.03	1.659.16	9 05	6.018	1.12.10	
Octobre	4.125	35	29	4.01	1.852. »	8.98	6.714	1.12. 6	
Totaux									
WORCESTER EXPLORATION									
Janvier	1.951	20	28	3.46	1.419.11	14.55	5.125	2.12. 3	7 1/2 % (1.87) div. n° 11
Février	2.181	20	28	3 89	1.505. 7	13.82	5.267	2. 8. 1	
Mars	1.933	20	28	3.35	1.576.17	16.31	5.717	2.19. 6	
Avril	2.022	20	28	3.54	1.576. 0	15.58	5.714	2.16. 7	
Mai	2.304	20	28	4.04	1.405.13	12.20	5.097	2. 4. 2	5% (1.25) div.n°12
Juin	2.283	20	28	3.97	1.293.11	11.33	4.690	2. 0. 9	
Juillet	2.368	20	29	3.96	1.338.19	11.30	4.853	2. 1. 0	5% (1.25) div.n°13
Août	2.332	20	28	4.09	1.255. 7	10.76	4.550	1.19. 0	
Septembre	2.213	20	28	3.79	1 214. 0	10.97	4.401	1.19. 6	
Octobre	2.349	20	29	3.96	1.418. 4	12.07	5.140	2. 3. 6	
Totaux									

Mois	Nombre de tonnes broyées	Nombre de pilons	Nombre de jours de broyage	Tonnes broyées par jour et par pilon	Quantité d'or produite		Valeur de la production		Dividendes
					Total	Par tonne	Total	Par tonne	
					ozs dwts	dwts	liv. st.	liv. s. d.	

VOGELSTRUISFONTEIN

Mois					Total	Par tonne	Total	Par tonne	Dividendes
Janvier.........	»	»	»	»	196. 4	»	686	»	5 ⅝ (1.25)
Février.........	»	»	»	.	2 10. 0	»	700	»	
Mars...........	»	»	»	»	195.19	»	725	»	
Avril..........	»	»	»	»	184. 6	»	645	»	
Mai...........	»	»	»	»	170. 7	»	606	»	
Juin..	»	»	»	»	170. 3	»	616	»	
Juillet.........	»	»	»	»	165.14	»	581	»	
Août..........	»	»	»	»	104.10	»	379	»	
Septembre	»	»	»	»	113.14	»	396	»	
Octobre........	»	»	»	»	141. 0	»	493	»	
Totaux...									

6° Tableau résumant les rapports mensuels

MODÈLE   **AOUT**

Noms des Compagnies	Nombre de tonnes broyées	Longueur exécutée en pieds	Frais d'Exploitation			Recettes totales
			Frais généraux	Dépenses de développement	Total	
			£. s d.	£. s. d.	£. s. d	£. s. d.
Aurora...............	2541	639	2714 15 0	764 6 0	2939 1 0	3371 10 0
Champ d'Or...........	2260	551	2662 2 3	1338 4 7	4000 6 10	4135 0 0
Crown Reef..........	7933	363	10574 18 1	323 0 5	10 897 18 6	16367 5 1
Ferreira.............	4500	296	6215 19 0	2038 11 3	8254 10 3	11106 3 9
Johannesburg Pioneer.	1152	»	1545 12 7	542 8 3	2088 0 10	4130 2 11
Glencairn............	3374	330	2813 7 11	986 8 3	3800 16 2	6361 0 0
Geldenhuis Estate.. ...	8900	498	7946 16 4	1570 18 9	9517 15 1	19208 4 0
Geldenhuis Main Reef	1717	84	1679 4 1	577 18 9	2257 2 10	2016 12 6
Langlaagte Royal.....	3585	392	3818 3 1	951 15 0	4769 18 1	5633 12 3
May Consolidated	5114	580	4673 6 8	2450 13 4	7124 0 0	7079 0 0
May Deep Level	1400	128	3130 10 7	761 4 11	3891 15 6	3413 6 7
New Aurora West.....	3298	253	3307 19 8	328 0 0	3635 0 0	4425 0 0
New Chimes..........	4184	241	6198 2 1	792 6 5	6990 8 6	9117 13 3
New Crœsus...........	2051	151	2006 1 8	207 2 8	2213 4 4	3663 10 6
New Primrose.........	9820	1056	9368 0 0	1832 0 0	11200 0 0	17625 0 0
Meyer et Charlton.....	1939	301	»	»	2214 3 3	5948 5 0
Robinson.............	8844	1037	8742 4 4	958 0 2	9700 4 6	33186 19 5
Simmer et Jack.......	7501	472	7133 6 6	1320 13 3	8453 19 9	11805 11 2
Wemmer.............	4809	454	3560 10 2	1746 9 9	5306 19 11	6004 15 1

7° MODÈLE D'UN RAPPORT MENSUEL

Publié par les Compagnies du Witwatersrand

COMPAGNIE JOHANNESBURG PIONEER

Johannesburg, 8 novembre 1892.

Production et coût de l'exploitation en octobre 1892.

Stock de minerai sur le carreau de la mine au 1ᵉʳ octobre 1892. 2.269   tonnes
Quantité de minerai abattu et extrait pendant le mois   1.238   —
                                                                        3.507   —
Quantité de minerai broyé pendant le mois d'octobre   1.226   —
Stock de minerai restant sur le carreau au 1ᵉʳ novembre 1892. . . . . 2.381   —
Production d'or de cornue . . . . 1.013 71 onces

1.013 71 onces d'or vendues . . . . . £ 3.572 £ 6.0

9 tonnes 47 de concentrés vendus .   335   9.0   £ 3.907.15.0

(Suite page 90).

des principales Compagnies du Witwatersrand

1892

(Nous publions chaque mois la reproduction de ce tableau).

SOLDE		FRAIS PAR TONNE			Teneur à la tonne	MARGE PAR TONNE	
En bénéfice	En perte	Généraux	Développement	Total		En bénéfice	En perte
£. s. d.	£. s. d.	£. s. d.	£. s. d.	£. s. d.	£. s. d.	£. s. d.	£. s. d.
432 9 0	—	0 17 1.2	0 6 0 2	1 3 1 4	1 6 6.4	0 3 5.	—
135 6 10	—	1 3 6.6	0 11 10.1	1 15 4.7	1 16 7.1	0 1 2.4	—
5469 6 7	—	1 6 7.9	0 0 9 7	1 7 5 6	1 18 4.	0 10 10.4	—
2851 13 6	—	1 7 7.5	0 9 0.7	1 16 8.2	1 18 1.4	0 1 5.2	—
2042 2 1	—	1 6 1.	0 9 5.1	1 15 6 1	3 2 0.6	1 6 6.5	—
2560 3 10	—	0 16 11.	0 5 10 1	1 2 9 1	1 17 8.	0 14 10.9	—
9688 8 11	—	0 17 0.2	0 3 6.3	1 0 6.5	2 2 3.7	1 2 3.2	—
—	2 10 10 5	0 19 6.5	0 6 8.7	1 6 3.2	1 3 5.8	—	0 2 9.4
863 14 2	—	1 1 3.6	0 5 3.5	1 6 7.3	1 11 5 1	0 4 9.8	—
—	54 0 0	0 18 3.3	0 9 7.	1 7 10 3	1 7 5.4	—	0 0 5.4
—	478 8 11	2 4 8.6	0 10 10.4	2 15 7.	2 2 10 2	—	0 12 8.1
790 0 0	—	1 0 0.6	0 1 11.8	1 2 0.4	1 15 10.1	0 13 9.7	—
2127 4 9	—	1 9 7.5	0 3 9.4	1 13 5.	2 2 2 3	0 8 9.3	—
1550 6 2	—	0 19 6.7	0 2 0 2	1 1 6.9	1 15 8.6	0 14 1.9	—
6425 0 0	—	—	—	—	—	—	—
3714 2 6	—	—	—	1 3 0.	2 15 9	1 12 9.	—
23486 14 11	—	—	—	1 1 11.	2 19 4.	1 17 5.	—
3351 11 5	—	0 19 0.2	0 3 6.2	1 2 6.4	1 11 4.4	0 8 10.	—
697 15 2	—	1 19 4.3	0 19 3.7	2 18 8.	2 19 1 7	0 0 5.7	—

FRAIS D'EXPLOITATION

	Par tonne
Abatage et extraction.	11 sh. 7.54 d.
Transport à la batterie.	1 sh. 6.81 d.
Broyage.	7 sh. 5.82 d.
	20 sh. 9.80 d.
Frais généraux et frais extraordinaires.	3 sh. 8.17 d.
	24 sh. 5.97 d.

1.238 tonnes abattues et ex-
traites . . . . . . £ 11 sh. 7.54 d. = £ 719.15.8
1.095 tonnes transportées à
la batterie à . . . . . . 1 sh. 6.81 d. = 85.16.9
1.226 tonnes broyées . . . 7 sh. 5.82 d. = 458.18.7

FRAIS GÉNÉRAUX ET EXTRAORDINAIRES

1.226 tonnes broyées . . . 5 sh. 9.80 d. = 233.19.7

————— £ 1.498.10.7

BÉNÉFICES D'EXPLOITATION DU MOIS. . . . . £ 2.409. 4.5

DÉPENSES POUR TRAVAUX PERMANENTS

TRAVAUX DE DÉVELOPPEMENT 546.12.4

Mine. — Pendant le mois une bonne partie du minerai a été extraite des chantiers d'abatage au 1er et au 2e niveau ; le minerai extrait était partout « free milling » (non réfractaire). Le puits principal a été boisé jusqu'à la surface. Les travaux de développement au quatrième niveau font de rapides progrès ; ils mettent en vue un filon d'une puissance très supérieure à celle des niveaux plus près de la surface.

Batterie. — En raison de ce que le minerai broyé pendant le mois était beaucoup moins réfractaire que d'habitude, les appareils de concentration ont peu servi. Le montage du générateur de 30 chevaux est terminé et j'espère que la batterie complète à 20 pilons fonctionnera vers la fin de décembre.

Un rapport semblable pour chaque Compagnie est adressé chaque mois, à chaque actionnaire, directement par la poste.

8° LISTE

Des dividendes distribués par les Mines d'Or du Witwatersrand

depuis la découverte.

1887

Compagnies	Capital	Dividende pour cent	Montant total du dividende	Montant par action en France
Jubilee............	£ 15.000	25 0/0	£ 3.750	Fr. 6,25
Jumpers..........	42.000	5 0/0	2.100	1.25
Wemmer.........	10.000	57 0/0	5.700	14.25
	67.000		11.550	

1888

Compagnies	Capital	Dividende pour cent	Montant total du dividende	Montant par action en France
Crown Reef........	£ 100.000	12 0/0	£ 12.000	3.00
Jubilee............	15.000	45 0/0	6.750	11.25
Meyer et Charlton.	43.000	20 0/0	8.600	5 »
Salisbury	{ 16.000 / 22.000	{ 150 0/0	33.500	37.50
Stanhope.........	20.000	22 1/2 0/0	6.750	5.62
Wemmer.........	10.000	15 0/0	1.500	3.75
Worcester........	15.000	30 0/0	4.500	7.50
Aurora...........	50.000	30 0/0	15.000	7.50
Evelyn...........	26.000	10 0/0	2.600	2.50
Fleming..........	12.000	5 0/0	600	1.25
Goldenkopje......	75.000	5 0/0	3.750	1.25
Geldenhuis Estate.	80.000	5 0/0	4.000	1.25
Grahamstown		10 0/0		2.50
Moss Rose........	37.000	20 0/0	7.400	5 »
Moss Rose Extens..	15.000	5 0/0	2.500	1.25
Percy............	25.000	10 0/0	2.500	2.50
Royal............	35.000	17 1/2 0/0	6.125	4.37
	£ 570.000		£ 115.825	

1889

New Chimes..............	£ —	10 0/0	£ —	2.50
City and Suburban........	60.000	50 0/0	30.000	12.50
Crown Reef............. ..	100.000	12 0/0	12.000	3.»
New Heriot..............	60.000	15 0/0	9.000	3.75
Jubilee.................	22.000	30 0/0	6.600	7.50
Jumpers.................	50.000	20 0/0	10.000	5 »
Langlaagte Estate........	43.000	29 0/0	13.000	7.25
Meyer et Charlton........,..	43.000	10 0/0	4.300	2.50
Duban Roodepoort........	90.000	20 0/0	18.000	6.25
Robinson	2.750.000	5 0/0	137.500	6.25
Salisbury................	25.000	30 0/0	12.000	12.50
Stanhope....	30.000	20 0/0	6.000	7.50
Worcester	33.000	15 0/0	4.950	3.75
Wemmer. ....•.........	100.000	45 0/0	45.000	11.25
Banket.....	200.000	10 0/0	20.000	2.50
Goldenkopje..............	75.000	2 1/2 0/0	1.875	0.625
Paarl Ophir.............	12.000	15 0/0	1.800	3.75
Paarl Pretoria	75.000	25 0/0	18.750	2.50
Simmer et Jack..........	30.000	10 0/0	8.000	2.50
Weltevreden.............	80.000	5 0/0	4.000	1.25
	£ 4.335.000		£ 482.275	

1890

Crown Reef..............	£ 120.000	15 0/0	18.000	3.75
Jubilee................. ..	22.000	60 0/0	13.200	15 »
Langlaagte Estate........	450.000	15	67.500	3.75
Meyer et Charlton	64.500	20	12.900	5 »
Johannesburg Pioneer......	21.000	10	2.100	2.50
Durban Roodepoort........	100.000	20	20.000	5 »
Robinson	2.750.000	4	110.000	5 »
Worcester	100.000	30	30.000	7.50
Luipaard's Vlei	237.000	6	14.220	1.50
Paarl Ophir..............	12.000	20	2.400	5 »
	£ 4.876.500		£ 380.320	

1891

Crown Reef..............	£ 120.000	50 0/0	£ 60.000	12.50
Ferreira.................	33.000	125 0/0	41.250	31.25
Geldenhuis Estate........	120.000	15 0/0	18.000	3.75
Jubilee.................	26.000	35 0/0	9.100	8.75
Langlaagte Estate	450.000	10 0/0	45.000	2.50
Meyer and Charlton.......	64.500	50 0/0	32.850	12.50
New Primrose............	165.000	15 0/0	24.750	3.75
Johannesburg Pioneer.....	21.000	35 0/0	7.350	8.75

Durban Roodepoort........	100.000	30 0/0	30.000	7.50
Robinson......	2.750.000	5 0/0	137.500	6.25
Stanhope.............. ..	35.000	55 0/0	19.250	13.75
Wemmer................	40.000	10 0/0	4.000	2.50
Worcester...............	100.000	10 0/0	10.000	2.50
Simmer et Jack......... ..	83.000	30 0/0	24.900	7.50
Champ d'Or.............	80.000	10 0/0	8.000	2.50
Paarl Ophir......	12.000	10 0/0	1.200	2.50
	£ 4.199.500		£ 472.550	

1892 (jusqu'à novembre)

New Chimes..............	£ 60.000	40 0/0	24.000	10 »
City et Suburban.........	85.000	10 0/0	8.500	2.50
New Crœsus............ .	26.000	10 0/0	2.600	2.50
Crown Reef.............	120.000	55 0/0	66.000	13.75
Ferreira...............	45.000	50 0/0	22.500	12.50
Geldenhuis Estate........	175.000	10 0/0	17.500	2.50
Jubilee........	30.000	45 0/0	13.500	11.25
Langlaagte Estate	450.000	10 0/0	45.000	2.50
Meyer et Charlton........	64.500	20 0/0	12.900	5 »
Nigel...................	160.000	30 0/0	48.000	7.50
New Primrose.......... ..	175.000	20 0/0	35.000	5 »
Johannesburg Pioneer.....	21.000	50 0/0	10.500	12.50
Durban Roodepoort..	135.000	30 0/0	40.500	7.50
Robinson........	2.750.000	3 0/0	82.500	3.75
Worcester..............	100.000	18 1/2 0/0	18.500	4.62
Aurora................	65.000	5 0/0	3.250	1.25
Langlaagte Royal........	45.000	25 0/0	11.250	6.25
New Aurora West....... .	60.000	10 0/0	6.000	2.50
Salisbury..............	100.000	30 0/0	30.000	7.50
Simmer et Jack..........	83.000	30 0/0	25.600	7.50
	£ 4.749.500		£ 523.600	

Récapitulation des sommes distribuées en dividendes.

1887.. ....£	11.551
1888..........	115.825
1889..............	482.275
1890..............	280.320
1891.............	472.550
1892 (jusqu'à nov.).	523.600
£ 1.886.121 = Fr.	46.153.025

contre une production aurifère totale, à cette même date, d'environ
250 millions de francs, c'est-à-dire à peu près le cinquième.

Ces deux chiffres rapprochés l'un de l'autre suffisent pour répondre aux détracteurs des mines d'or lorsqu'ils prétendent que, quelles que soient les productions mensuelles, ces entreprises ne donnent que peu ou point de dividendes.

On remarquera que les dividendes de 1888 et 1889 sont relativement élevés. Cela provient de ce que durant le « boom » on a, dans un but de spéculation, broyé surtout du minerai choisi, en négligeant le développement des travaux miniers. (Voir page 21.) Par contre, en 1890 les dividendes sont très faibles. C'est l'époque de la crise où la spéculation est morte et où les directeurs des mines sacrifient tous les bénéfices au développement minier et à l'acquisition de machines et de matériel. En 1891 les dividendes se relèvent sensiblement; enfin en 1892, il faut observer qu'une bonne partie des dividendes de l'exercice ou du second semestre ne sont pas encore déclarés au moment où paraît ce livre, bien que le total dépasse déjà sensiblement celui de l'année 1891 tout entière.

9° MODE DE PAYEMENT DES DIVIDENDES

Les actions des Compagnies de mines d'or Sud-Africaines sont presque toutes exclusivement nominatives.

L'actionnaire reçoit ses dividendes directement par la poste, sous enveloppe fermée, en chèques à son ordre en livres sterling.

Nous payons ces chèques sans commission.

Lorsqu'une Compagnie ayant son siège social au Sud de l'Afrique (c'est la majorité des cas) *déclare* un dividende, elle en télégraphie la nouvelle à ses agences de transferts en Europe. Celles-ci expédient alors les dernières mutations effectuées jusqu'à la date du télégramme. Ce n'est que lorsque le siège social est en possession du relevé des transferts d'Europe qu'il peut expédier à son tour les chèques de dividendes aux actionnaires inscrits. Il faut donc compter un délai de 8 à 10 semaines entre la date de *déclaration* d'un dividende au Sud de l'Afrique et le moment où l'actionnaire européen reçoit son chèque.

TROISIÈME PARTIE

LE DISTRICT OU "CHAMP D'OR" DU DE KAAP

CHAPITRE PREMIER

Aspect général.

Le district du de Kaap est situé au centre et sur la frontière orientale du Transvaal ; il touche au Swazieland et aux possessions portugaises de la baie de Delagoa sur l'Océan Indien.

Autant le district du Witwatersrand est plat, autant le district du de Kaap est accidenté ; il est couvert d'une série de collines élevées et de vallées profondes. Son altitude est d'environ 1,000 mètres au-dessus du niveau de la mer.

CHAPITRE II

Origine et découverte de l'or dans le district du de Kaap.

Un voyageur anglais, M. Stuart, dans l'un de ses rapports, s'exprime ainsi :

« La découverte de l'or au de Kaap, quant à ce qui regarde les Anglais, peut dater de 1875 ; mais j'acquis bientôt la conviction que le Transvaal doit avoir été exploité en grand par les mineurs de l'ancien temps. J'ai foulé aux pieds les ruines d'anciens ouvrages démontrant qu'il y a des siècles, on pratiquait là l'exploitation des mines sur une vaste échelle, que d'énormes quantités de minerai avaient été travaillées et cela par des ingénieurs de premier ordre. J'ai trouvé des carrières, des tunnels, des puits, des travers-bancs, des vestiges de routes parfaitement construites, et sur le bord de ces routes des monceaux de minerai paraissant prêts à être chargés sur des chariots. Ce minerai était empilé avec autant de régularité que s'il avait été placé là pour être métré et il semblait que ces travaux avaient été abandonnés précipitamment par les mineurs. »

La première découverte de l'or dans le district du de Kaap paraît remonter à l'année 1875. En effet, dans un numéro du *Volksstem*, publié en janvier 1875, il est fait mention d'une lettre envoyée au Président de la République par M. Mac-Lachlan, accompagnée d'un magnifique échantillon d'or alluvial trouvé au cours d'une exploration faite au sud de Spitzkop.

Vers 1882, un M. Chomse avait trouvé de l'or dans une gorge descendant des flancs des monts de Kaap qu'il explorait pour le compte d'un M. Albrecht, le propriétaire d'une ferme voisine appelée Berlin (depuis Barrett's Berlin). Quelques autres chercheurs, s'étant joints à lui pour explorer cette gorge, trouvèrent une quantité importante d'or sous la forme de pépites, non seulement dans les sables d'alluvion ou les graviers, mais même à la surface du sol dans des terrains marécageux, simplement en grattant la terre avec des morceaux de fer, des couteaux, ou autres instruments aussi primitifs.

A la nouvelle de ces découvertes, une agitation extraordinaire se produisit non seulement au Transvaal, mais dans tout le Sud de l'Afrique et principalement aux Champs de diamants, alors plongés dans le marasme à la suite des éboulements qui s'étaient produits dans les mines.

Le premier camp minier d'une certaine importance fut formé sur les fermes appartenant à M. G. P. Moodie, lequel, en paiement d'une créance sur le gouvernement du Transvaal, avait reçu une étendue d'environ 80,000 acres de terrain. Dès les premières découvertes de filons aurifères sur ses fermes, M. Moodie avait transféré ses propriétés à un syndicat de Natal qui créa la Compagnie portant encore le nom de *Moodie's Gold Mining and Exploration Company*. En 1884 il y avait sur la propriété environ mille chercheurs d'or, parmi lesquels les disputes étaient fréquentes tant entre eux-mêmes qu'avec les représentants de la Compagnie. Ces disputes en contraignirent un certain nombre à quitter la place, et c'est au cours de leurs explorations en tous sens dans la contrée que fut faite la découverte de la colline aurifère de Sheba qui détermina le « *rush* » formidable de 1886 sur le de Kaap. (Nous consacrons plus loin un chapitre spécial à la Sheba.)

Dès que la nouvelle des merveilleuses découvertes du district du de Kaap fut connue, toute la colonie des chercheurs fut sur pied et dans chaque pierre tout le monde croyait voir de l'or. Une fièvre de spéculation s'empara du Sud de l'Afrique ; on se ruait sur les actions des Compagnies à peine formées. Les Shebas, émises quelques mois auparavant à £ 1, se vendaient de £ 10 à 20, et un peu plus tard £ 50. L'excitation était à son comble. Les Compagnies dont les propriétés étaient dans la proximité de Sheba, quoique n'ayant pas fait subir la plus petite analyse à leur quartz, furent supposées devoir posséder le même filon que leur fortunée voisine et virent leurs titres hausser par sympathie. Les actions de Kimberley Imperial montèrent de £ 1 à 10. Celles de l'Oriental arrivèrent à £ 23 et plusieurs autres eurent une hausse de 500 à 1,000 0/0.

L'agitation qui avait commencé en mai 1886 augmenta considérablement vers la fin de l'année. Les Shebas, à cette époque, ont atteint jusqu'à £ 100 ; il y eut des transactions considérables à £ 80. M. Edwin Bray, le fondateur, refusa plusieurs fois de se défaire de ses titres au-dessous de £ 100. Il est vrai que cette mine avait un rendement de 6 onces par tonne et que l'exploitation était à peine ébauchée.

Mais un revirement était fatal. Tout d'un coup, avec l'impressionnablité qui caractérise les joueurs, tout le monde ouvrit les yeux en même temps et on se précipita pour vendre avec la même furie qu'on mettait à acheter quelques jours auparavant. En quelques bourses les Shebas étaient revenues à £ 30, les Orientals à £ 2 et les Kimberley Imperial à 10 sh. Les actions des Compagnies de second ordre ne trouvaient preneur à aucun prix ; leurs propriétaires auraient accepté ce jour-là autant de shillings qu'ils demandaient de livres la semaine précédente. C'était une panique générale, une démoralisation complète (1).

CHAPITRE III

La ville de Barberton.

Dans l'intervalle, Barberton, du nom de Graham Barber, un des premiers chercheurs d'or, le centre des exploitations aurifères de la vallée du de Kaap, avait pris une extension considérable, grâce à l'affluence des mineurs qui quittaient en grand nombre les champs d'or voisins pour tenter la fortune dans l'immense étendue de terrains domaniaux que le gouvernement ne tarda pas à proclamer ouverts aux recherches de métaux précieux et qui est connue aujourd'hui sous le nom de « Champs d'or du de Kaap ».

Au mois de juillet 1886, Barberton ne possédait qu'une trentaine d'habitations convenables et autant de cabanes de toutes formes.

---

(1) Voir encore page 16.

Mais, avant la fin de la même année, on vit surgir 6 hôtels, 46 débits de boissons, 12 grands magasins, 21 boutiques, sans compter une dizaine de détaillants sous les tentes. Les concessions de stands (terrains de 15 mètres de côté) dans la ville atteignaient alors les prix fabuleux de £ 150 à 800 (3,750 à 20,000 francs). La population sédentaire était, à cette époque, de 600 habitants seulement ; mais il y avait une population flottante de 5,000 individus, mineurs, chercheurs d'or, ouvriers et commerçants, aux alentours.

L'affluence des étrangers continua jusqu'au milieu de 1887, mais la crise financière dont nous parlons plus haut et aussi le succès des découvertes du Witwatersrand firent bientôt grand tort à Barberton. La population reflua vers Johannesburg, qui depuis lors, malgré une période difficile, n'a pas cessé de grandir.

Aujourd'hui l'activité fébrile des premiers temps de Barberton est singulièrement réduite ; quantité de magasins et de cantines ont dû fermer, la ville est à peine peuplée et elle porte actuellement la peine de l'incapacité, de la mauvaise foi et de l'incurie de la majorité des promoteurs et directeurs des Compagnies fondées pour l'exploitation des mines d'or qui l'entourent.

(La compagnie Sheba, dont nous parlons plus loin, doit être nettement mise à part dans cette appréciation.)

Il est, toutefois, certain que le jour où des gens sérieux et capables prendront en main l'exploitation des mines de Barberton avec la ferme résolution de lutter corps à corps avec les difficultés à vaincre, Barberton verra renaître son ancienne splendeur. Mais il faut aussi pour cela que la ville soit en communication directe avec la mer, de façon à réduire les frais de transport qui pèsent trop lourdement sur les entreprises du district de Lydenburg, entravent leur développement et les mettent dans une situation d'infériorité marquée par rapport aux mines de Witwatersrand. (*Rapport de M. Aubert, consul de France à Pretoria.*)

Depuis l'époque où ces lignes ont été écrites, de grands progrès se sont accomplis. La construction du prolongement du chemin de fer de la baie de Delagoa à travers le Transvaal se poursuit activement. Cette ligne doit être reliée à Barberton par un embranchement ; elle est actuellement ouverte au trafic jusqu'à un point qui n'est plus distant de cette ville que d'environ 40 milles.

CHAPITRE IV

Géologie du district de de Kaap.

Sans entrer dans des détails scientifiques qui sortiraient du cadre de cette brochure, il nous suffira de dire que la formation géologique du district de de Kaap est essentiellement différente de celle du district de Witwatersrand. Nous avons exposé plus haut que, autant le Witwatersrand est plat et monotone d'aspect, autant le de Kaap est accidenté et hérissé de difficultés de terrain, collines élevées, gorges profondes, torrents, buissons épineux, etc.

Tandis qu'au Witwatersrand, on rencontre l'or dans une sorte de mortier, mélangé de cailloux roulés, appelé *banket* ou *conglomérat*, il ne se trouve dans le de Kaap qu'au sein même d'une pierre dure que les géologues nomment *quartz* et qui est nécessairement plus difficile à travailler que le *conglomérat*.

CHAPITRE V

Production du district de de Kaap.

(Quantités exprimées en onces troy de 31 gr. 0912.)

En 1886.	17.275	onces
En 1887.	20.272	—
En 1888.	25.771	—
En 1889.	34.148	—
En 1890.	45.254	—
En 1891.	66.598	—
Total.	209.318	onces

Iº DÉTAIL DE LA PRODUCTION EN 1891

Compagnies	Onces	Compagnies	Onces
Alluvial Syndicate........	5	Report...........	14.425
Andrews..............	554	Forbes Reef.............	2.250
Republic..	293	Henderson et Forbes......	17
Barrett...........	1.585	Mount Morgan......... ..	522
Coetzeestroom Estate.. ..	824	Montrose.....	2.852
Edwin Bray...........	3.285	Oriental et Sheba........	4.292
Gipsy Queen...........	233	Piggs Peak.............	1.686
— Comstock....	50	Sheba G. M. Cº....	27.311
Abbott Reef (Moodies)....	67	— Residus...........	10.951
Alpine —	109	Victoria Hill.............	32
Great Scott —	451	Weenen County..........	224
United Pioneer — ...	3.422	Wyldsdale..............	99
Syndicats divers —	2.396	Clutha West............	67
Horo Concession.	1.159		
A reporter......	14.425	Total......... ..	66.598

En dehors de quelques compagnies isolées, les deux centres principaux de l'exploitation aurifère, dans le district du de Kaap, sont actuellement la Compagnie *Sheba,* à laquelle nous consacrons une étude spéciale page 146, et le territoire de la *Compagnie Moodies.*

2º Les propriétés de la Compagnie Moodies.

Sur les limites méridionales du district du de Kaap, se trouvent les propriétés de la Compagnie Moodies qui constituent à elles seules un petit district aurifère séparé.

Cette propriété tire son nom de son premier possesseur, M. Moodie, arpenteur, qui, ayant été chargé en 1882 d'une mission géodésique, par le gouvernement de la République Sud-Africaine, obtint, comme rémunération et à défaut d'argent, treize fermes situées au sud de la vallée du Kaap et couvrant une superficie d'environ 80.000 acres (32.000 hectares).

Ayant découvert sur ces terrains plusieurs filons aurifères, il revendit ces treize fermes à un syndicat de Natal, qui, en 1884, constitua une compagnie dans le but de les exploiter. Cette Compagnie est intitulée : *Moodies Gold Mining and Exploration Company, Limited.* Elle a été constituée au capital de £ 240.000 en actions de £ 1 ; 120.000 actions sont entièrement libérées et les 120.000 autres ne sont **libérées que de 15 shillings.**

3° *Production mensuelle du district de de Kaap en 1892*

NOMS DES COMPAGNIES	Janvier			Février			Mars			Avril			Mai			Juin			Juillet			Août			Septembre			Octobre			Novembre			Décembre		
	onc	dwt	gr	onc	dwt	gr	onc	dwt	gr	onc	dwt	gr	onc	dwt	gr	onc	dwt	gr	onc	dwt	gr	onc	dwt	gr	onc	dwt	gr	onc	dwt	gr	onc	dwt	gr	onc	dwt	gr
T. Andrews	184	15	0	173	11	0	301	0	0	526	1	0	619	13	0																					
Barrett's Gold Mining Cᵒ	22	10	0	110	4	0	110	0	0	68	12	6	150	0	0																					
Cœtzeestroom Estate	204	4	0	253	15	0	234	4	1	247	10	0	222	12	0																					
Edwin Bray Gold Mining Cᵒ	232	0	0	301	15	0	280	6	0	268	4	0	168	0	0																					
Gypsy Queen	48	2	15	60	0	0	25	0	0	15	18	0																								
United Pioneer	476	11	10	168	12	0	147	1	0	161	6	0	205	2	0																					
United Ivy	282	5	0	387	9	0	372	0	0	403	6	12	336	18	0																					
Syndicats divers	150	10	20	43	0	0	112	15	10	52	2	12	143	6	0																					
Hors Concession	298	0	0	230	0	0	225	0	0	212	0	0	297	6	0																					
Forbes Reef G. M.	129	8	15	600	0	0	523	3	22	447	10	19																								
Montrose	182	0	0	122	10	0	96	4	0				187	16	0																					
Pigg's Peack	90	0	0																																	
Sheba G. M. Cᵒ	3.415	16	1	3.013	4	1	3.032	2	2	3.400	12	13	2.792	7	6																					
Wyldsdale Gold Exploration Cᵒ	210	0	0	62	0	0	93	0	0	175	0	0																								
F Stevens	111	6	0																																	
Havelsok G. M. Company	46	0	0																																	
North Kaap Alluvial	80	2	14	199	8	6	189	7	1	125	4	0																								
Gold Recovery Syndicate										256	12	0	487	0	0																					
New Fortuna													44	12	0																					
Thomas (triturators)													97	0	0																					
Oriental and Sheba Valley Cᵒ	»			»			»			»			»																						
Totaux	5.702	12	13	5.125	5	19	5.731	4	7	6.335	19	0	6.219	16	6																					

L'industrie de la Compagnie Moodies consiste à *explorer* son territoire, puis, lorsquelle a reconnu un filon, à en louer l'exploitation à une compagnie formée *ad hoc*, moyennant un loyer fixe et un tant pour cent sur la production brute de l'or.

Les principales Compagnies tributaires de la *Moodies G. M. C.* sont les suivantes :

L'Abbot's reef G. M. Cº, au capital de.............. Fr.	300.000
L'Alpine Cº......................................	625.000
La Barberton Gold Mines Cº.......................	3.125.000
La Ben Lomond G. M. and prospecting Cº...........	300.000
La Brighton reef Cº..............................	1.400.000
La Cornish Cº....................................	375.000
La George Walker Moodie's Cº.....................	1.250.000
La Durham « Allen's reef » G. M. Cº..............	1.250.000
La Moodie's Goldenhill Cº........................	825.000
La Golden Shebang developing and G. M. Syndicate......	600.000
La Great Scot Cº................................	1.250.000
La Highland reef Cº.............................	300.000
La Lester G. M. Cº..............................	625.000
La Mount Edgecombe Cº...........................	625.000
La Mount Morgan Cº..............................	1.875.000
La Tiger Trap Cº................................	875.000
L'Union Cº......................................	800.000
L'United Ivy Cº.................................	625.000
L'United Pioneer Cº.............................	3.500.000
La Woodward and Walker's G. M. Cº...............	1.250.000
	21.475.000

Un certain nombre seulement de ces diverses compagnies fonctionne actuellement. Elles manquent généralement de bras, les mineurs se portant de préférence vers le Witwatersrand. Leur production mensuelle est d'environ 600 à 700 onces d'or.

Mais il est certain que le jour où le chemin de fer de Lourenzo Marquez à Pretoria sera terminé (environ deux ans), l'exploitation de terrain de la Moodies se développera considérablement et donnera sans doute de très bons résultats.

QUATRIÈME PARTIE

NOTIONS

SUR LE

MODE D'EXPLOITATION DES MINES D'OR DU TRANSVAAL

ET SUR LE

TRAITEMENT DES MINERAIS AURIFÈRES

CHAPITRE PREMIER

Description du minerai et des travaux miniers du Witwatersrand.

L'exploitation de l'or au Transvaal a été limitée tout d'abord aux veines de quartz découvertes dans le district du de Kaap ; ces veines, dans certains endroits, se trouvaient extrêmement riches (notamment la veine de la Sheba (voir page 146). Mais, en 1886, on découvrit, près de l'endroit où s'élève aujourd'hui la riche et florissante ville de Johannesburg, une série de couches (*reefs*) composées de conglomérat, assemblage de galets de quartz cimentés ensemble par un sable fin plus ou moins mélangé d'oxydes de fer, auquel on donna le nom de BANKET » (voir page 54), nom sous lequel il est universellement connu aujourd'hui. On constata bientôt que ces couches contenaient de l'or en quantité rémunératrice et leur exploitation a été, depuis lors, développée à ce point, que la production mensuelle du Witwatersrand seul, au moment où nous écrivons, atteint 112.000 onces.

Lors de sa découverte, le « banket » a commencé par être extrait au moyen de tranchées à ciel ouvert; aucuns travaux miniers réguliers ne furent tentés pendant près de deux années. La cause en était due, d'une part, à l'inexpérience relative des premiers exploitants, mais surtout à ce que Johannesburg est située au centre d'une contrée où l'on ne rencontre aucun arbre ; il devient donc nécessaire, pour entreprendre avec sécurité les travaux d'avancement dans les mines, d'importer des bois de charpente à grands frais à cause des grandes distances. Aujourd'hui que les premiers ingénieurs de toutes les parties du monde sont occupés au développement et à l'exploitation des mines de ce district, le « banket » est abattu suivant la méthode usitée pour les veines de quartz, quoique tous les efforts soient faits pour économiser la charpente.

Les « reefs », qui, à l'origine, formaient probablement des couches de cailloux horizontales ou presque horizontales, ont été plus ou moins bouleversés par les mouvements de la croûte terrestre ; on les trouve affleurant à travers la contrée sur des largeurs variant de quelques pouces à plusieurs yards (le yard = 0^m91) et suivant des inclinaisons diverses depuis la verticale jusqu'à l'horizontale. Aux endroits où les couches sont voisines de l'horizontale, le « banket » est exploité comme une couche de charbon. Dans certaines mines dans lesquelles les « reefs » sont inclinés sous un certain angle, les puits principaux d'exploitation ont été foncés verticalement de manière à recouper les filons en profondeur et le fait s'est produit dans toutes les tentatives d'exploitation en « deep level » (voir la définition page 56), où l'on a trouvé que, à une certaine profondeur, les couches de « banket » tendent à reprendre la position horizontale ou à peu près.

La figure ci-jointe (page 105) montre la coupe transversale du terrain de l'une des mines du Rand les plus connues en France, « Le Champ d'Or », dans laquelle les « reefs » sont inclinés à environ 65 degrés. Cette figure, antérieure à l'époque où le Champ d'Or a acquis les claims Exner qui contiennent l'affleurement des filons, montre comment on a dû foncer un puits vertical pour recouper ces filons à une certaine profondeur.

Toutefois, la méthode ordinairement employée pour l'exploitation des couches de conglomérat aurifère est de foncer un puits dans la couche elle-même et suivant son inclinaison, puis de tracer des galeries horizontales à droite et à gauche du puits dans la couche et à des profondeurs de cent en cent pieds (33 mètres). Si le puits est foncé verticalement pour recouper la couche en profondeur, on pousse des travers-bancs à des intervalles de cent en cent pieds dans la hauteur du puits et quand ces travers-bancs rencontrent la couche, on perce à droite et à gauche, vers l'est et vers l'ouest, à partir de ce point une galerie dans la veine elle-même. Les **travaux** indiqués à tort dans la figure n° 3 comme « galeries » sont des « travers-bancs » destinés à recouper les filons et à mettre en communication, avec le puits d'extraction, les galeries percées dans chaque couche perpendiculairement au travers-banc.

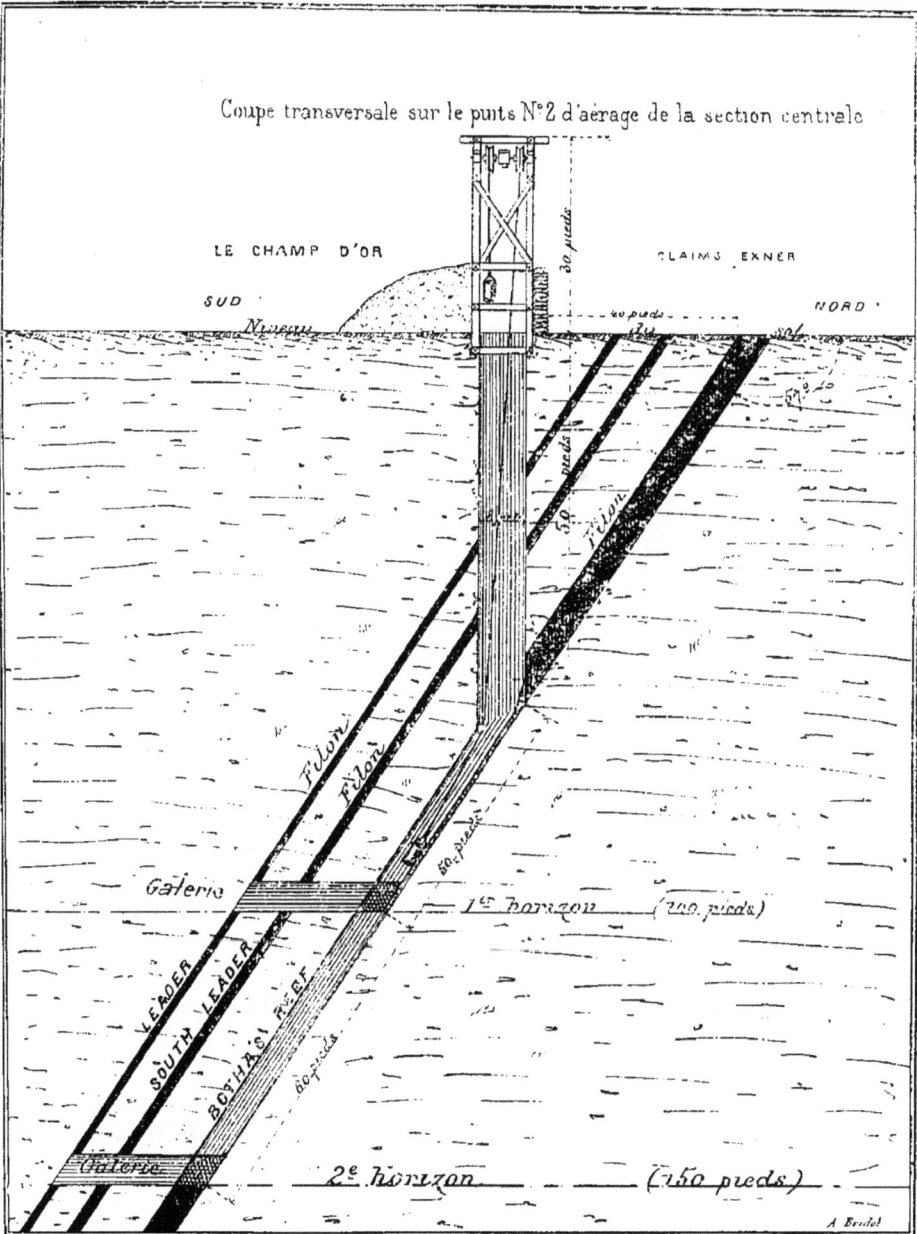

Coupe transversale sur le puits N°2 d'aérage de la section centrale

LE CHAMP D'OR

SUD

CLAIMS EXNER

NORD

1ᵉʳ horizon (100 pieds)

2ᵉ horizon (150 pieds)

Fig. 3. — Le Champ d'Or.

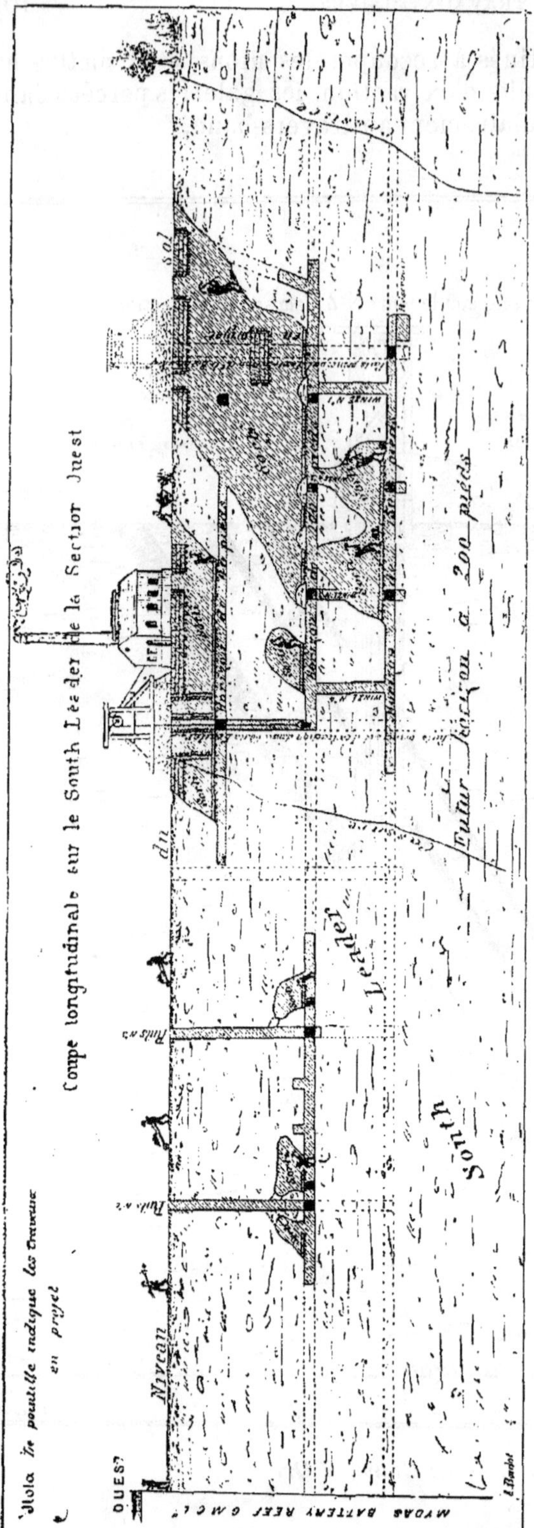

Fig. 4. – Le Champ d'Or.

Coupe longitudinale sur le South Leader de la Section Ouest

Note : la pointillé indique les travaux en projet

OUEST

Nycan

South

Leader

du

futur section à 200 pieds

Puits n°5

Puits n°3

WINZE

MYDAS BATTERY REEF G.M.C.'

Le but de ce système est de permettre aux mineurs d'abattre le minerai *en remontant* de manière que chaque tonne abattue puisse descendre par son propre poids jusqu'à une station centrale d'où on puisse la transporter au moyen de petits wagonnets jusqu'au puits principal dans lequel fonctionne le monte-charge.

C'est là le principe de l'exploitation ; il entraîne dans les détails la mise en communication des différentes galeries, percées à intervalles de cent en cent pieds, au moyen de petits puits ou galeries de descente que les mineurs appellent « winzes ». Le but de ces « winzes » est d'abord de ventiler la mine et ensuite d'offrir un point d'attaque commode à la pioche du mineur. L'intelligence du lecteur saisira de suite l'ensemble du système par un simple coup d'œil sur la figure n° 4 qui représente l'état des travaux du Champ d'Or au 31 août 1891. L'état des travaux au 31 août 1892 est donné par le plan page 120.

Ainsi qu'il a déjà été

expliqué, tous les bois nécessaires pour soutenir les terres, après l'enlèvement du minerai, doivent être importés d'une grande distance.

Aussi il arrive souvent au Rand que l'on perce ce qu'on appelle un « faux niveau » ou une fausse galerie, de manière à laisser une sorte d'arche au toit de la galerie pour soutenir les terres et remplacer le boisage. Quand le minerai au-dessus de cette arche a été enlevé, les bois qu'on est obligé de placer pendant l'opération de l'abatage sont retirés et tout l'espace laissé vide est comblé au moyen de débris jetés de la surface par les cheminées aménagées à cet effet. Cette méthode entraîne la dépense de percement d'une double galerie et aussi la perte du minerai laissé dans l'arche ; mais comme le bois est extrê-

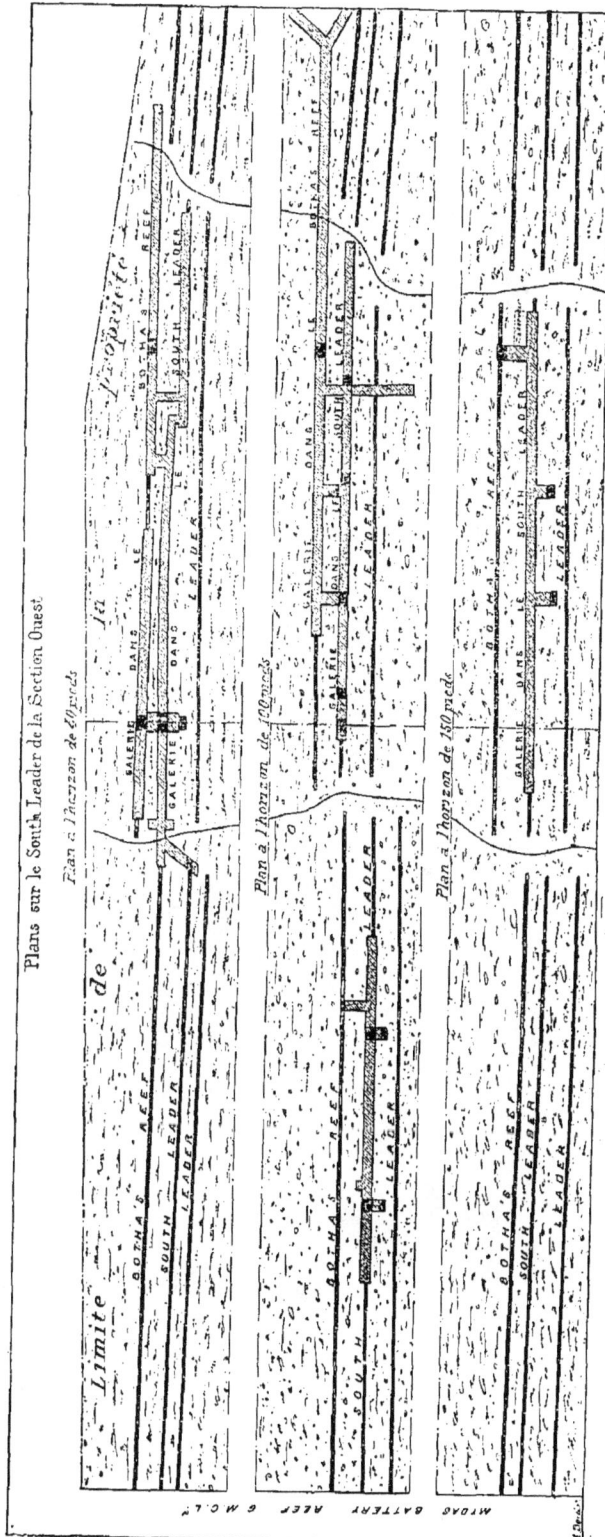

Fig. 5. — Le Champ d'Or.

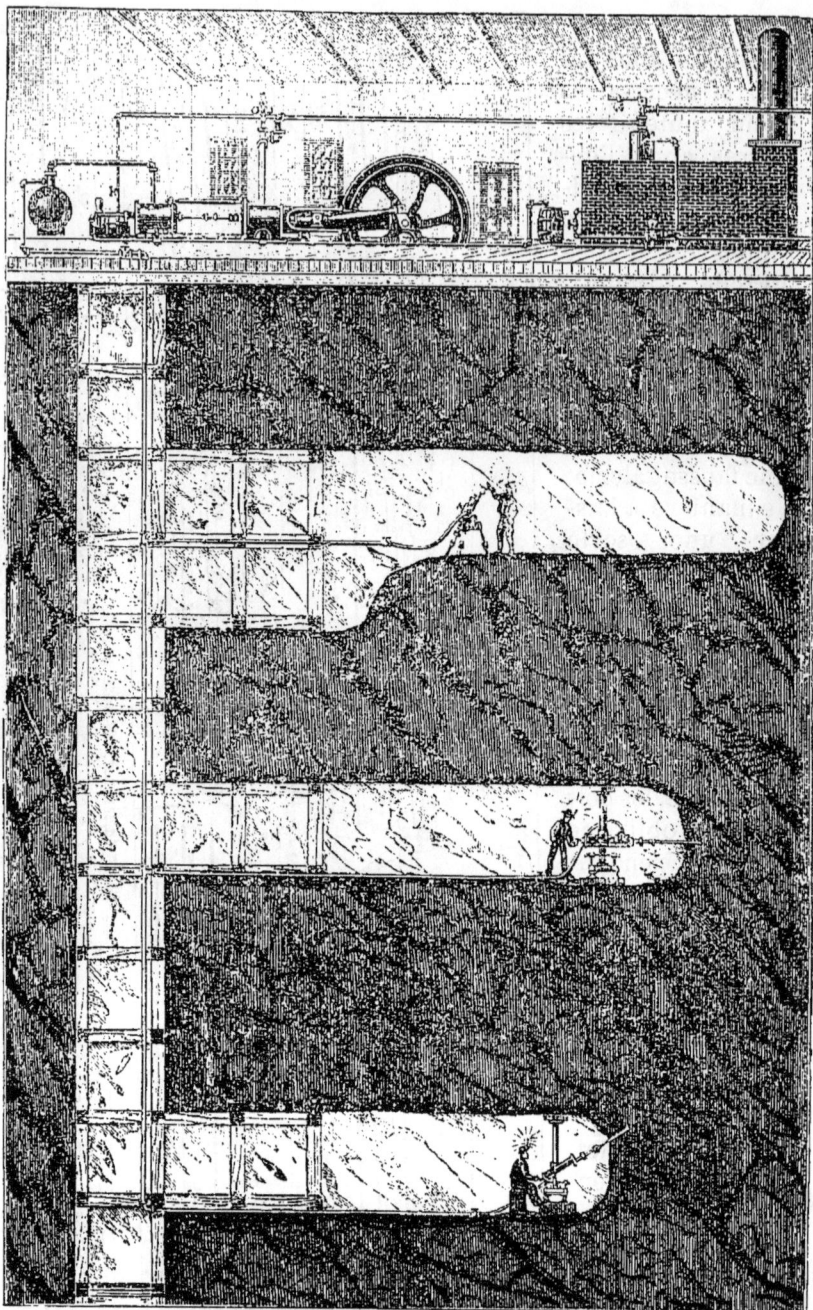

FIG. 6.

MACHINE PERFORATRICE A L'AIR COMPRIMÉ
De FRASER et CHALMERS, à Chicago.

mement coûteux, la dépense de cette seconde galerie est plus que
compensée par l'économie de charpente, et si le minerai est très
riche, le mineur peut se permettre le boisage, au lieu de construire
un « faux niveau ».

Le système de travail à la main, usité d'ordinaire dans l'abatage
du minerai, apparaît, aux yeux de l'homme le moins expérimenté,
comme aussi pénible que long et coûteux. Les mineurs sont répartis
deux par deux dans les chantiers; un des deux hommes tient une
tarière sur laquelle l'autre frappe avec un marteau. A chaque coup
de marteau la tarière est tournée d'un quart de cercle et c'est ainsi
que, lentement et avec beaucoup de peine, on fait des trous de deux
à six pieds de profondeur et sous un angle calculé de manière à
permettre aux explosifs employés de produire leur maximum d'effet.

Depuis quelques années, beaucoup de mines du Rand ont été
pourvues de machines perforatrices dont ci-contre la figure (n° 6).
Ces perforatrices sont actionnées par l'air comprimé à la surface par
des appareils spéciaux; cet air, en s'échappant des perforatrices, est
d'un grand secours pour la ventilation des mines.

Dans les Compagnies qui n'ont pas encore pu faire la dépense de
perforatrices à l'air comprimé, on se sert aussi de machines à la
main dont ci-dessous la figure, 7.

FIG. 7.
PERFORATRICES A LA MAIN. (*Wellington et Co, constructeurs à Londres.*)

CHAPITRE II

TRAITEMENT DU MINERAI

L'or libre et les pyrites.

L'or, dans le « banket » du Witwatersrand, se présente tantôt disséminé en fines parcelles d'or natif brillant (*free gold*) et tantôt combiné avec les oxydes de fer contenus dans le ciment.

Cet oxyde de fer est le résultat du contact de l'air sur ce qui était à l'origine du sulfure de fer ; on ne le rencontre que jusqu'à une certaine distance de la surface. A une certaine profondeur, il n'existe plus d'oxyde de fer, et les combinaisons du fer sont alors des sulfures ou *pyrites*.

Le procédé employé pour extraire l'or du « banket » consiste tout d'abord à réduire le minerai en sable fin et à en retirer les grains d'or natif par le moyen de l'*amalgamation*.

Quant à l'or qui se trouve combiné au fer, on le recueille en utilisant la différence de poids spécifique des pyrites pour les séparer du sable au moyen d'un lavage à grande eau par les appareils dits de *concentration*. Puis l'or est ensuite extrait de ces pyrites par un des procédés que nous décrirons plus loin.

Ainsi le traitement du minerai comprend quatre opérations *mécaniques*, dont trois sont pratiquées simultanément, savoir : le *broyage*, l'*amalgamation* et la *concentration* des particules lourdes. La quatrième opération, ayant pour objet la séparation de l'or des pyrites, est complètement séparée. C'est le traitement *chimique*.

TRAITEMENT MÉCANIQUE

Les pilons.

Les machines employées au Rand et qui ont fait leurs preuves dans le monde entier pour le broyage des minerais, reposent sur le principe du pilon et du mortier ordinaire appliqués en grand. Dans

(*Suite page 115*).

BATTERIE DE 10 PILONS

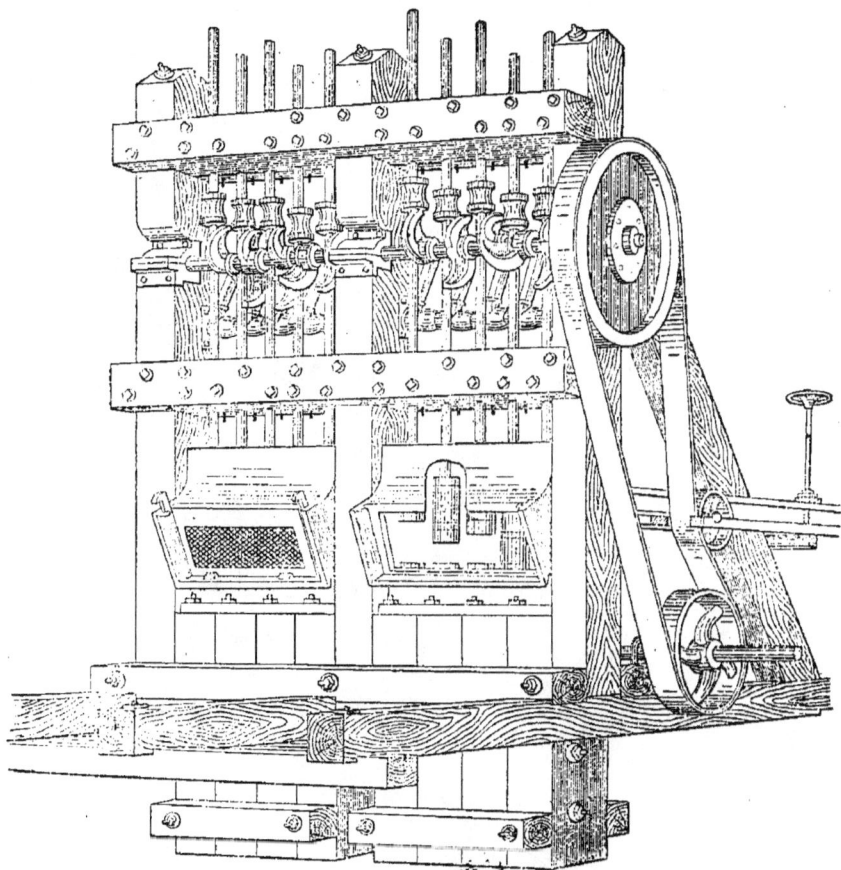

FIG. 8

FRASER & CHALMERS, BUILDERS,
CHICAGO, ILL., U.S.A.

MOULIN A OR, AVEC CONCENTRATEURS

Fig. 2.

A. Bordet

COUPE VERTICALE DE L'ENSEMBLE D'UN MOULIN A OR

avec concentrateurs

FRASER ET CHALMERS, Constructeurs à Chicago.

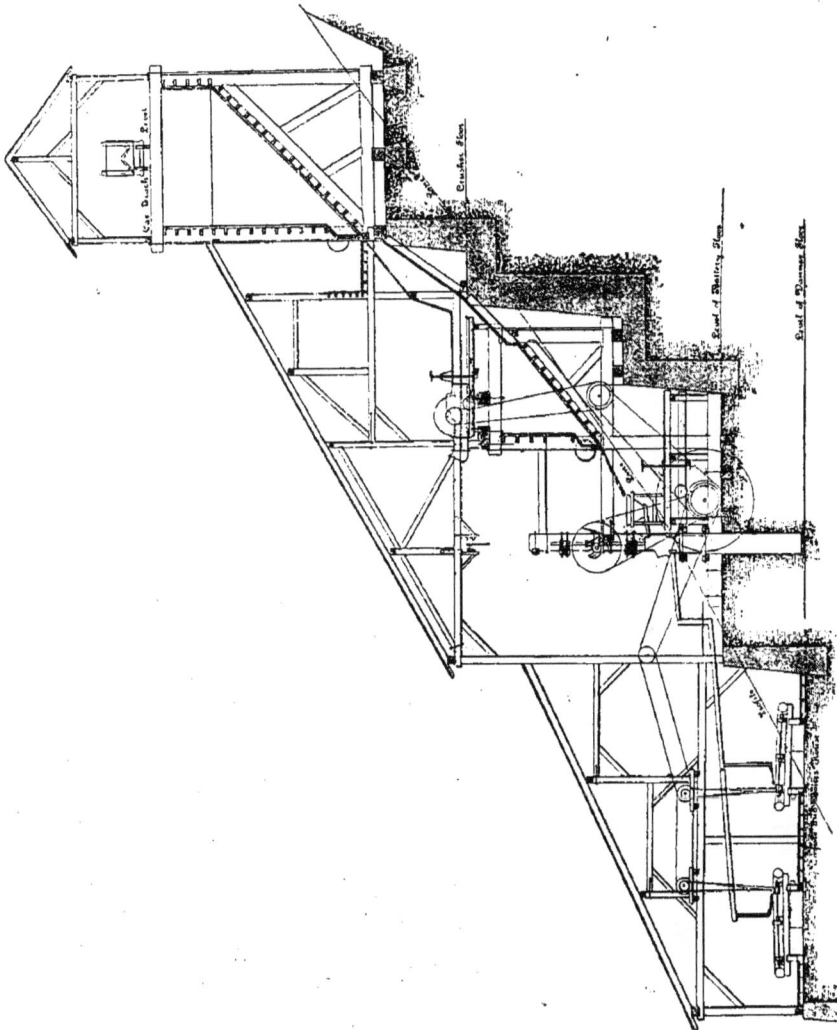

FIG. 10.

8

DISPOSITION EN PLAN DE L'ENSEMBLE D'UN MOULIN A OR DE 60 PILONS

avec concentrateurs

FRASER ET CHALMERS, Constructeurs à Chicago.

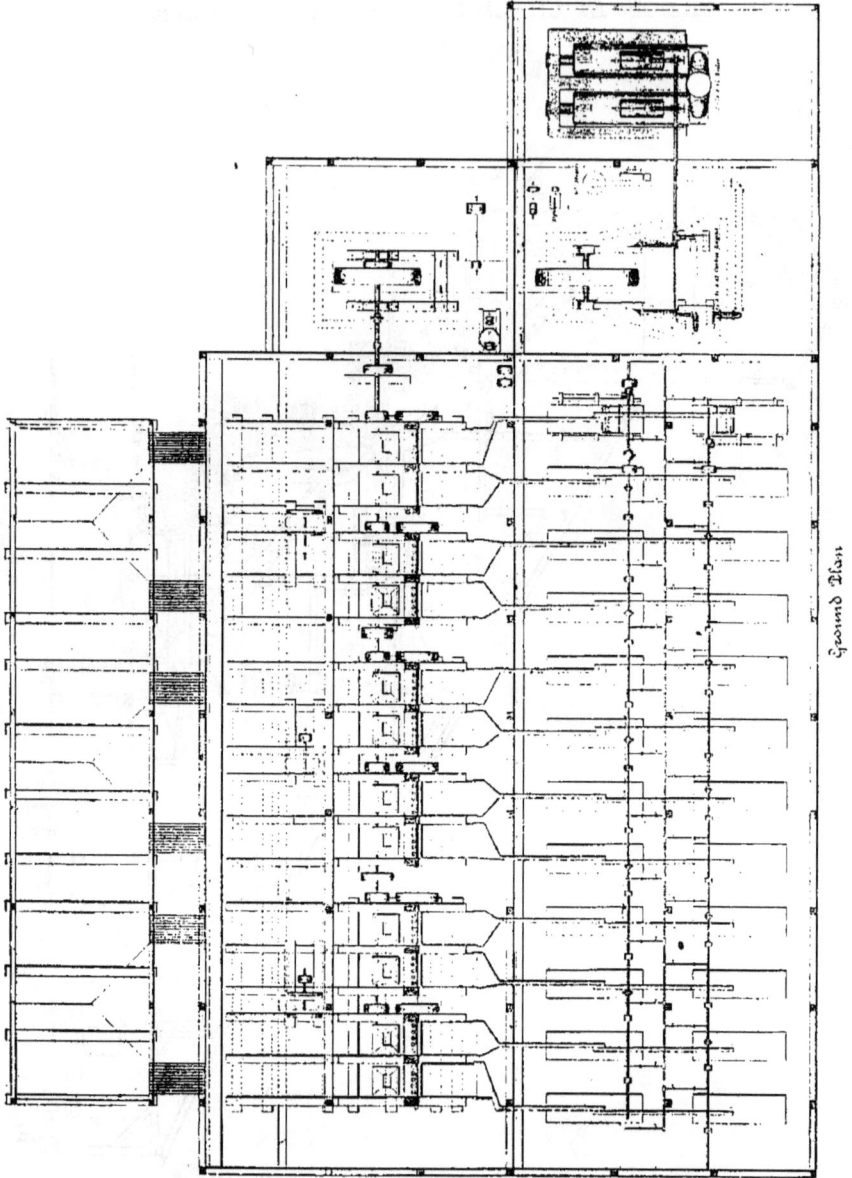

Fig. 11.

l'application, le mortier est suffisamment long pour recevoir cinq pilons pesant chacun 850 livres anglaises (380 kilos). L'un des côtés du mortier est ouvert et garni d'un tamis ; l'intérieur du mortier est garni de plaques de cuivre frottées de mercure.

La figure n° 8 montre une batterie de 10 pilons fonctionnant dans deux mortiers et actionnés par le même arbre, tandis que la figure n° 9 indique la disposition d'ensemble d'un moulin à or.

Le minerai arrive à la partie supérieure du moulin dans des wagonnets et passe à travers un concasseur qui le réduit à la grosseur d'un œuf de poule. Du concasseur il tombe dans une trémie-magasin d'où il descend par son propre poids dans un alimentateur automatique qui est actionné par les pilons eux-mêmes. Un ressort communiquant avec la valve de l'alimentateur passe sous l'un des pilons à une hauteur, au-dessus du sabot, calculée de manière que le pilon ne puisse le toucher que lorsqu'il n'y a plus qu'une petite épaisseur de minerai au-dessous de lui. Dès qu'une certaine quantité de minerai a glissé sous le pilon, le ressort n'est plus frappé par celui-ci et l'alimentateur cesse de fonctionner jusqu'à ce qu'il en soit besoin à nouveau. Un filet d'eau coule constamment dans le mortier et entraîne la poudre de minerai qui se trouve éclaboussée contre les tamis par la chute du pilon et tombe sur les tables d'*amalgamation* extérieures. En outre on verse dans le mortier environ un dé à coudre de mercure toutes les heures.

A l'extérieur du mortier et au-dessous du tamis est fixée la *table d'amalgamation*. C'est un plateau légèrement incliné et garni d'une mince feuille de cuivre frottée de mercure. De cette plaque de cuivre, le courant d'eau entraînant la poudre de minerai coule sur les *tables de concentration* dont ci-joint la figure n° 12. Ces tables sont formées

TABLE DE CONCENTRATION (FRUE-VANNER)

FRASER ET CHALMERS, Constructeurs à Chicago.

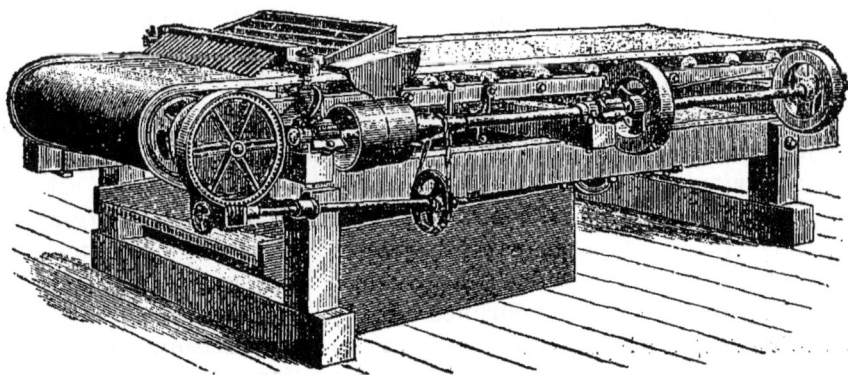

FIG. 12.

d'un large ruban sans fin en toile caoutchoutée qui se meut sur deux rouleaux, en sens inverse de l'inclinaison de l'appareil et, par suite, en sens inverse du courant d'eau chargé de poudre de minerai laquelle tombe à la tête de l'appareil sur un plateau placé à quelques centimètres au-dessus du ruban. Des secousses horizontales rapides sont imprimées mécaniquement à ce plateau ; elles ont pour objet de faire glisser les particules lourdes du minerai sur le ruban en les répartissant sur toute la largeur et en les séparant du sable. Une rangée de petits tuyaux disposés en avant du plateau à secousses (voir la figure 12) fournit de l'eau en assez grande abondance. Le sable est entraîné par l'eau dans le sens de la pente du ruban, à l'extrémité duquel il se perd, tandis que les particules lourdes de minerai restent sur le ruban par leur poids. Le ruban, dans son mouvement de rotation, emporte ces particules de minerai vers la tête de l'appareil et les déverse dans une cuve pleine d'eau située au-dessous ; l'eau de cette cuve a pour objet de détacher les parcelles qui adhéreraient à la toile caoutchoutée.

Les particules de minerai ainsi amenées dans cette cuve forment ce qu'on appelle les « *concentrés* », qu'on traite ensuite chimiquement. On appelle « *tailings* » les poudres de minerai qui sont recueillies immédiatement à la suite des plaques d'amalgamation *avant* de passer sur les appareils concentrateurs. Quant aux poudres qui sont entraînées par l'eau sur le concentrateur à l'extrémité opposée à la cuve où se déposent les « concentrés », elles sont sans valeur et on les jette comme rebut.

Lorsque l'or est à l'état libre, il est facilement retenu sur les plaques d'amalgamation et à l'intérieur des mortiers dès qu'il arrive en contact avec le mercure, avec lequel il s'amalgame, et si l'on se sert de plaques de cuivre frottées de mercure, c'est simplement pour pouvoir obtenir une surface de mercure *inclinée*. Cela serait, en effet, impossible avec du mercure liquide qui descendrait suivant la pente et formerait un barrage au-dessus duquel l'eau ne pourrait pas entraîner le sable.

De temps en temps en enlève l'amalgame en grattant les plaques ; cet amalgame se présente sous forme d'une pâte consistante lorsqu'il provient des plaques d'amalgamations *extérieures* ; il est au contraire en masse métallique très dure sur les parois *intérieures* des mortiers. On commence par débarrasser l'amalgame de toutes les particules de minerai ou de fer provenant de l'usure de la machine, puis on le distille dans des cornues en fer ; l'or obtenu est fondu de suite en lingots ; le mercure provenant de la distillation est reporté à la batterie et remis de nouveau en circulation.

Ce procédé est le plus simple de tous les traitements métallurgiques, et ne demande pas d'autre apprentissage qu'une certaine expérience relativement à la dose de mercure nécessaire pour obtenir la meilleure amalgamation.

Le traitement dans toutes ses phases, depuis le moment où le minerai est versé dans le concasseur jusqu'au moment où il tombe au-dessous des concentrateurs, est entièrement automatique, à l'exception de l'addition de mercure dont on verse de temps à autre de petites quantités à la main. La dépense résulte donc de la production de la force pour actionner les machines, de l'usure et des réparations du matériel et d'une surveillance sommaire de l'ensemble du travail.

2° TRAITEMENT CHIMIQUE

Comme la proportion de pyrites de fer dans les minerais du Rand n'excède pas trois ou quatre pour cent, l'opération de la *concentration* ne recueille que trois ou quatre tonnes de *concentrés* par cent tonnes de minerai passées sous les pilons, et la petite quantité de produit réfractaire obtenu permet d'employer à son traitement un procédé beaucoup plus coûteux que s'il s'agissait de quantités considérables. Au Rand, la base du traitement est la décomposition

DISPOSITION D'ENSEMBLE D'UNE USINE A CHLORURATION

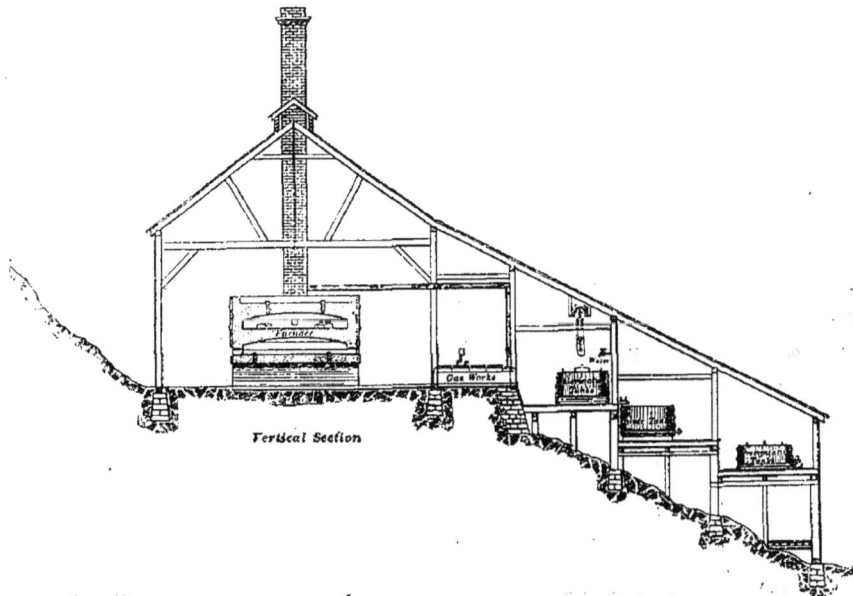

FIG. 13.

des minerais réfractaires soit par le chlore, soit par le cyanure de
potassium. De toutes les nombreuses méthodes employées dans les
différentes parties du monde, ce sont celles qui ont donné les meil-
leurs résultats pour le minerai de ce pays qui est d'une nature
spéciale, comme on l'a vu plus haut.

1° La Chloruration.

Le procédé de la chloruration consiste dans la mise en contact
prolongé du minerai réfractaire avec le gaz de chlore, soit dans
des cuves, soit dans des barils. La figure page 117 montre un appareil
complet dans lequel les cuves sont employées.

Le gaz de chlore étant un très puissant oxydant, il est impossible
de s'en servir pour traiter directement les pyrites. On commence
donc par oxyder les pyrites en les grillant dans des fours à réverbère;
ces fours consistent dans une aire recouverte d'une arche basse, laquelle reverbère, sur un lit de pyrites constamment remué, la cha-
leur et la flamme d'un foyer placé à l'une des extrémités du four.

Lorsque les pyrites ont été complètement oxydées dans les fours,
on les transporte sur une aire où elles se refroidissent; lorsqu'elles sont
froides, on les mouille légèrement, puis on en remplit de larges cuves
pourvues d'un double fond avec filtre. Un couvercle fermant her-
métiquement est appliqué sur les cuves et l'on y fait passer un courant de gaz de chlore au contact duquel les pyrites restent exposées
pendant plusieurs heures.

A la fin de l'opération tout l'or, ou du moins la plus grande partie
de l'or, est dissoute en ter-chlorure d'or qui est très soluble dans l'eau
froide. On fait passer un courant d'eau sur la masse du minerai;
l'eau entraîne l'or à l'état de chlorure à travers le filtre et elle est
reçue dans de larges baquets, tandis que les résidus du minerai
restant au-dessus du filtre sont enlevés pour faire place à une
nouvelle charge de minerai. Quant au chlorure d'or, il est mis en
contact avec un puissant réactif; le sulfate de fer est le plus générale-
lement employé. L'or se précipite en un dépôt d'une belle couleur
pourpre; on laisse reposer, on décante la liqueur et l'or est recueilli,
séché et fondu en lingots de métal chimiquement pur.

2° La Cyanuration.

Le procédé au cyanure ressemble dans ses grandes lignes à celui
que nous venons de décrire, sauf que, dans beaucoup de cas, il n'est
pas nécessaire de griller le minerai, le cyanure de potassium employé pour dissoudre l'or n'ayant pas le pouvoir oxydant du chlore.

Mais la manière de mettre la masse de minerai en contact avec la solution de cyanure, le passage à travers le filtre et la précipitation de l'or suivent la même marche, excepté cependant que le réactif diffère : on emploie dans ce cas des rognures de zinc.

Il est tout naturellement très difficile, dans une étude aussi courte, de décrire ces procédés avec des détails suffisants pour permettre d'apprécier les difficultés et les frais qu'ils entraînent, toutefois on se fera une idée de l'habileté déployée dans le choix et la construction du matériel par ce fait que, dans certaines mines très bien outillées, les différentes opérations de l'exploitation, savoir l'abatage et l'extraction du minerai, son broyage en poudre fine et finalement l'extraction de l'or des parties réfractaires au moyen d'un procédé lent et coûteux, n'excèdent pas une dépense de 25 fr. par tonne.

3° TRAITEMENT DES « TAILINGS » PAR LE PROCÉDÉ MAC ARTHUR FORREST.

On a vu plus haut la définition du mot *tailings* (résidus). La poudre de minerai mélangée d'eau qui est projetée hors des mortiers par la chute des pilons s'échappe à travers les tamis et coule sur les *plaques d'amalgamation* où elle abandonne une partie de l'or contenu dans le minerai. Au moment où le courant boueux quitte les plaques d'amalgamation, il prend le nom de « *tailings* ».

Dans les usines *complètes*, comme celles dont nous donnons la figure page 112, ces tailings sont *concentrés* sur des tables à secousses (figure 12). La concentration est simplement la *séparation mécanique* des parties utiles et des parties stériles.

On sait en effet qu'il reste dans les « *tailings* » une quantité plus ou moins considérable d'or, soit à l'état libre, soit combiné avec des pyrites ou sulfures. Nous venons de voir les deux procédés de traitement des *concentrés*, mais on peut également traiter les résidus de minerai même lorsqu'ils n'ont pas subi la concentration.

C'est le procédé Mac Arthur Forrest, procédé précieux, car, d'une part, il existe au Witwatersrand des quantités considérables de tailings accumulés depuis la découverte des mines et d'autre part jusqu'ici la minorité seulement des compagnies est pourvue de concentrateurs.

Le principe du procédé Mac Arthur Forrest repose sur l'affinité du cyanogène pour les métaux précieux. La matière broyée (tailings) est mise en contact avec une dissolution de cyanure de potassium dans de grandes cuves ; elle est battue pendant environ six heures au moyen d'agitateurs mécaniques. La dissolution passe

ensuite à travers un filtre et de là dans une série de boîtes remplies
de *paille de zinc* ou zinc *en éponge* sur lequel l'or se dépose en poudre noire. Il suffit alors d'agiter vigoureusement dans l'eau, au-
dessus d'un tamis, la masse de zinc, pour que l'or adhérent s'en
sépare en tombant au fond du récipient, tandis que le zinc reste sur
le tamis et peut servir à une nouvelle précipitation.

L'ensemble du traitement coûte actuellement environ 7 sh. 6 d.
(9 fr. 38) par tonne. La redevance à payer à la compagnie African
Gold Recovery, propriétaire du brevet, est variable suivant les con-
ventions. Dans les conditions ordinaires, elle est actuellement
également de 7 sh. 6 d. (9 fr. 37), soit en tout 18 fr. 75, c'est-à-dire
4 pennyweights ou quatre-vingtièmes d'once. Le traitement de tailings d'une teneur de 6 dwts par exemple, laisse donc dans ce cas
un bénéfice de 2 dwts on environ 9 francs par tonne.

CINQUIÈME PARTIE

LES COMPAGNIES DE TERRAINS ET D'EXPLORATION

CHAPITRE PREMIER

Notions générales.

Les Compagnies de terrains, appelées aussi Compagnies d'Exploration, sont des Sociétés Foncières, constituées dans le but d'acquérir des étendues plus ou moins considérables de terrain, soit dans les régions minières, soit dans les régions agricoles, soit encore dans les emplacements susceptibles de former, un jour, des villes ou des villages.

Le nombre des compagnies de ce genre est considérable au Sud de l'Afrique. La fortune de l'une d'elles est légendaire; c'est la *London and South African Exploration Company* qui, lors des premières trouvailles de diamants à Kimberley, eut la chance d'acquérir, en 1870, des terrains sur lesquels on découvrit ensuite les mines de diamants de Bultfontein et de Griqualand West.

Les actions de 10 shillings (12 fr. 50) de cette compagnie valent aujourd'hui 300 francs; elles ont valu il y a trois ans jusqu'à 600 francs.

Lors des découvertes de l'or au Transvaal, un grand nombre de spéculateurs se précipitèrent pour acheter à vil prix aux fermiers Boers des blocs de fermes, un peu dans toutes les directions, dans l'espérance qu'elles pourraient contenir de l'or. Mais les prétentions des propriétaires grandirent vite, à la vue du métal précieux retiré de terrains qu'ils foulaient inconsciemment de père en fils depuis un siècle. Les acquéreurs durent remonter peu à peu vers le nord.

C'est alors qu'un homme, dont le nom restera célèbre dans les annales de l'Afrique du Sud, M. Cecil Rhodes, obtint de Lobengula, roi du Matabeleland, le monopole exclusif de l'exploitation des mines sur tout le territoire teinté en rose sur la carte d'Afrique insérée en tête de cette brochure. Ce territoire se trouvant dans la « sphère d'influence de l'Angleterre », il fit reconnaître cette concession par le gouvernement anglais et forma pour l'exploiter la *British South Africa* (chartered) Company, à laquelle la Reine d'Angleterre accorda une « charte royale » à l'instar de la fameuse Compagnie des Indes.

Nous avons donné en détail l'historique de cette charte royale dans la deuxième édition (1890) de notre ouvrage, « Les Mines d'or de l'Afrique du Sud », page 145.

Cet événement, joint aux efforts faits d'autre part par le Roi des Belges pour ouvrir à son pays le cœur du Continent Noir baigné par le Congo, fixa l'attention du monde des affaires sur l'Afrique Australe, et des financiers entreprenants, devançant l'opinion publique, travaillèrent à s'assurer la possession de tous les territoires les mieux placés parmi ceux restant libres. C'est ainsi que fut créée la *Central African and Zoutpansberg Exploration Company*, qui géographiquement occupe une place unique dans l'Afrique Australe, et qui par ce fait nous paraît mériter une étude toute spéciale.

CHAPITRE II

CENTRAL AFRICAN & ZOUTPANSBERG

EXPLORATION COMPANY LIMITED

Ses possessions. — Son avenir.

(Pour l'intelligence de cette étude, consulter la carte en couleurs en tête de cette brochure.)

L'Afrique du Centre et l'Afrique du Sud sont aujourd'hui l'objectif des grandes nations colonisatrices.

Le mouvement qui porte les peuples vers les contrées inexplorées a pris naissance pour l'Afrique du Sud à la suite des merveilleuses découvertes de diamant autour du point où s'élève aujourd'hui la ville de Kimberley (marqué par un D rouge sur la carte). Depuis 12 ans ces mines exportent annuellement pour 100 millions de francs de diamant. Quelques années plus tard, on découvrait l'or au Transvaal ; un seul district de ce pays, celui de Witwatersrand, produit actuellement près de 10 millions d'or *par mois*; de nombreux gîtes aurifères se rencontrent dans plusieurs autres districts et n'attendent que l'ouverture des chemins de fer pour être exploités.

***

En remontant plus au nord, entre les fleuves Limpopo et Zambèze, s'étend un vaste territoire où la critique historique place l'ancien royaume de la Reine de Saba. C'est de là que le Roi Salomon est supposé avoir tiré ses richesses légendaires, et, en fait, des ruines gigantesques et des travaux de mines se rencontrent de toutes parts et accusent l'existence dans ce pays d'une civilisation préhistorique. Ce territoire est occupé par la **British South Africa Company** à laquelle l'Angleterre a accordé une charte royale à l'instar de la Compagnie des Indes. Le principal district aurifère découvert dans ces contrées est celui du Mazoe, tout à fait au nord-est, près des rives du Zambèze. Il appartient par moitié à la British South Africa Cº et à la Compagnie portugaise da Zambesia.

***

La **Companhia da Zambesia**, qui, ainsi que son nom l'indique, occupe les deux rives du fleuve Zambèze sur une vaste étendue, est constituée sous les lois portugaises, mais elle se compose de trois éléments distincts, l'élément français, l'élément anglais et l'élément portugais. Il y a une quinzaine d'années, un groupe de financiers français avait acquis des intérêts dans ce pays sur lequel le Portugal réclame un droit de protectorat ; un groupe anglais, la Central African, avait fait de même. Longtemps ces intérêts furent en lutte à propos de la délimitation de leurs territoires, tant pour la possession des mines d'or du Mazoe que pour celle du vaste bassin houiller de Chicova et de Tete (voir la carte) incontestablement destiné dans l'avenir à prendre une immense valeur. Enfin, une entente intervint à la suite de laquelle tous les intérêts viennent d'être fusionnés dans une seule Compagnie autorisée par un décret du roi de Portugal, la Zambesia ; les divers éléments sont représentés dans la direction par trois comités. Le président du comité français est M. Emile Berger, directeur de la Banque Ottomane, à Paris ; le comité anglais est présidé par M. Cameron, l'explorateur bien connu, et le comité portugais a à sa tête le senor Pinheiro de Chagas, ancien ministre de la Marine et des Colonies.

***

Au-dessus de la Zambesia se trouvent les possessions de la **Central African and Zoutpansberg Exploration Company** qui fait l'objet de cette étude et au sujet de laquelle nous revenons plus loin.

***

Enfin plus au nord, dans les régions équatoriales, s'étend l'immense **Etat Libre du Congo**, fondé par le roi des Belges dans le but d'ouvrir à la Belgique de nouveaux débouchés et d'assurer à son pays la possession des immenses richesses naturelles du centre de l'Afrique. Pour activer le développement de cet énorme territoire, le roi des Belges a accordé un grand nombre de concessions à des compagnies privées.

La plus importante est la Compagnie du **Katanga**, qui occupe toute la portion sud-est du Congo, celle qui est réputée comme la plus riche. Les découvertes récentes de M. Jos. Thomson, envoyé [dans ces régions par

M. Rhodes, ont démontré que les territoires de l'Etat libre du Congo et par suite de la Compagnie du Katanga, s'étendent jusqu'à la frontière du territoire portugais au nord du Zambèze. Cette rectification a été faite sur la carte.

Le Katanga est connu depuis longtemps pour ses richesses minérales ; les mines de cuivre de ce district sont fameuses dans tout l'intérieur de l'Afrique et le cuivre en barres, fondu par les indigènes, forme un des principaux articles du commerce local. Depuis un temps immémorial, les négociants de Zanzibar achètent aux caravanes qui viennent de ces contrées l'or en poudre ou en lingots qu'elles apportent à la côte et qui provient des mines ou des placers du Katanga. On y connaissait également la présence du charbon et du mercure ; mais tout récemment, M. Delcommune, se dirigeant d'après les indications du capitaine Cameron, a visité les mines de cinabre (mercure); il les considère comme d'une grande valeur ; son rapport détaillé n'est pas encore parvenu en Europe.

Quatre expéditions ont été envoyées vers ces territoires et de nombreuses stations sont déjà ouvertes et font avec les naturels l'échange d'objets manufacturés contre les produits du pays, à savoir : l'or, le cuivre, l'ivoire, le caoutchouc, les épices, etc. Trente steamers de rivière circulent déjà sur le Congo et ses affluents.

Il n'est pas inutile de dire ici que la Compagnie du Haut-Congo a distribué en 1891 30 francs à chacune de ses 6,000 actions privilégiées et 10 francs à chacune de ses 8,400 actions ordinaires.

La Compagnie de Katanga est au capital de 6,000 actions privilégiées de 500 francs et de 18,000 actions ordinaires sans désignation de valeur. Les actions ordinaires se négocient à Londres et à Bruxelles un peu au-dessus du pair.

Les principaux administrateurs sont MM. J. Urban, président; Ed. Despret (Société générale de Bruxelles), vice-président ; comte d'Oultremont, grand-maréchal de la cour du roi des Belges ; G. de Laveleye, consul général ; Léon Lambert Rothschild ; Bunau Varilla ; capitaine Cameron ; H. Pasteur, président de la Compagnie Oceana.

Ce rapide exposé montre avec quelle intensité l'activité des nations européennes se porte à la conquête de l'intérieur de l'Afrique. Là est l'avenir sans aucun doute ; la fin du siècle verra dans ces contrées des progrès surprenants et l'on peut prédire avec certitude que des fortunes immenses sont réservées aux premiers occupants de ces pays neufs.

Assurément, tout le monde ne peut pas aller s'établir dans ces pays lointains, mais chacun peut prendre un intérêt dans les Compagnies qui les occupent et s'assurer ainsi une part de leur succès.

L'une d'elles se présente actuellement dans des conditions qui la mettent incontestablement hors de pair. C'est la

CENTRAL AFRICAN ET ZOUTPANSBERG EXPLORATION COMPANY LIMITED

On peut dire de la Central African qu'elle est un *Omnium* des intérêts européens au sud et au centre de l'Afrique.

Voici en effet la décomposition de l'actif de cette Compagnie :

Elle possède :

1° Des droits de **toute propriété** et des concessions diverses sur le vaste territoire teinté en violet clair sur la carte. Ce territoire est particulièrement propre à la culture du café et de grandes plantations de caféiers sont déjà commencées. Le café de Blantyre, sur la rive gauche du Shiré, est si renommé que cette marque atteint sur nos marchés des prix supérieurs à celle du Rio (Brésil). De vastes forêts d'essences précieuses, notamment de caoutchouc, couvrent une partie du territoire ; elles donnent asile à des troupes d'éléphants qui fournissent de grandes quantités d'ivoire. Enfin il faut remarquer sa position géographique qui lui permettra de servir d'exutoire aux richesses du Katanga, exutoire dont le besoin se fera très prochainement sentir, car l'importance du commerce du Congo croit si rapidement que le chemin de fer du Congo, lorsqu'il sera terminé, sera tout à fait insuffisant pour faire face aux transports, et que très probablement la plus grande partie des marchandises cherchera un débouché vers la mer par le Zambèze à travers le territoire où la Central African est établie.

D'ailleurs un système de transports par terre et par eau, à l'étude depuis deux ans, est aujourd'hui prêt à fonctionner. Des chaloupes à vapeur sont commandées ; elles seront transportées au delà des rapides du Shiré sur les lacs Nyassa et Tanganika, les voies de terre seront desservies immédiatement par des chariots, bientôt par des chemins de fer et les denrées de l'intérieur de l'Afrique pourront être amenées au port de Quilimane en quatre semaines, alors qu'il leur faut actuellement plusieurs mois pour accomplir ce trajet.

2° Outre le territoire qui lui appartient en propre, la Central African possède a peu près **la moitié** de tous les intérêts de la **Companhia da Zambesia** teintée en vert sur la carte, c'est-à-dire la moitié du bassin houiller de Chicova et la moitié des champs aurifères du Mazoe (Voir ci-dessus).

3° Le douzième de tous les intérêts de la **Compagnie du Katanga** (teinte orange) décrite ci-dessus.

4° Un **intérêt** dans la Matabeleland Company qui elle-même possède de grands intérêts dans la **British South Africa Company.**

5° Dans le **Transvaal**, la Central African Company possède : 1° Deux propriétés minières, dans le district de *Zoutpansberg*, marquées A, rouge sur la carte ; 2° Une mine d'or, la *Murchison Crown Reef*, marquée B, rouge sur la carte. Le chemin de fer de Silati va permettre avant peu d'exploiter cette mine économiquement et d'activer considérablement le développement du pays ; 3° Une mine d'or dans le district de *Klerksdorp* (marquée C).

6° Dans le **Bechuanaland**, la Central African possède une part des concessions de Gascitsive qui, avec le prolongement prochain du chemin de fer de Vryburg à Mafeking, ne peut manquer d'acquérir une importante valeur.

7° Elle possède encore au centre de l'Afrique : 1° 25 hectares de terrains dans la ville de Beira, 50 hectares au terminus de la ligne ferrée de Beira et 25 hectares à la première station ; 2° un vaste terrain sur le territoire Portugais à l'embouchure du Chinde et une portion des concessions anglaises à cet endroit. Cette dernière a une grande valeur, parce qu'elle permet de débarquer les marchandises sans payer de droits de douane ; 3° le droit de choisir 10 parcelles de terrain de 50 hectares chacune sur le rivage occidental du lac Tanganika, aux endroits où les steamers feront escale.

Les autres parties de l'actif comprennent :

8° **La moitié des actions de fondateur et une grande partie des actions ordinaires de la International Flotilla Company ;**

9° Une part dans les opérations de la London and South African Agency, dirigée par le Docteur Magin de Johannesburg;

10° Un intérêt important dans la Central Works Company, entreprise créée pour le traitement chimique des résidus de minerais par un nouveau procédé. Cette compagnie est dirigée par l'ingénieur qui a installé les usines de traitement chimique de la Compagnie Robinson.

*

On peut donc dire à la lettre que la **Central African Company** constitue un **Omnium** de tous les intérêts européens au Sud et au Centre de l'Afrique.

Il est impossible de n'être pas frappé de la diversité des éléments dont elle dispose, mais on sera bien plus surpris encore de voir que toutes ces participations et toutes ces propriétés ne figurent dans la constitution de la Compagnie que pour la somme de 177,500 liv. st. (4,437,500 francs).

Le capital de la Central African est en effet fixé à 303,000 liv. st., comprenant :

Apports des intérêts ci-dessus. . . . . Liv. st.   177.500
Fonds de roulement à émettre suivant les besoins 125.000

           . . Liv. st.   303.000

Pour se faire une opinion, il suffit de rapprocher de ce capital de 303,000 liv. st. celui de la British South African C° qui s'élève à 1 million de livres sterling (25 millions de francs).

Un autre point tout à fait particulier est à signaler, c'est le montant nominal des actions de la Central African.

Ces titres sont au capital nominal de 5 sh. (6 fr. 25) et entièrement libérés. L'actionnaire ne peut, en aucun cas, être engagé au delà de la somme versée pour l'acquisition de son titre.

Les actions de la Central African Company sont nominatives ou au porteur, au choix.

Elles se négocient sur les marchés de Paris et de Londres.

Pour les titres au porteur, il n'existe pas de coupures inférieures à 20 actions.

CHAPITRE III

AFRICAN INTERNATIONAL FLOTILLA

AND TRANSPORT COMPANY

La première des conditions pour obtenir le développement rapide des pays neufs est l'organisation des moyens de transport. Les territoires de la Central African sont merveilleusement situés pour utiliser dans ce but les voies navigables, c'est pourquoi un des premiers soins de la Central African a été de provoquer la création d'une compagnie filiale ayant pour objet la construction et l'exploitation d'une flottille de steamers de rivière devant rayonner sur les fleuves et les lacs de l'Afrique Centrale. Cette Compagnie a été constituée sous le titre de

AFRICAN INTERNATIONAL FLOTILLA
AND TRANSPORT COMPANY LIMITED

Voici d'ailleurs la circulaire dans laquelle la Central African présentait la nouvelle Compagnie à ses actionnaires :

« Le Conseil a le plaisir de vous offrir l'occasion de participer à l'émission de la Flotilla and Transport Company. La moitié des actions de fondateur est réservée à votre compagnie qui se trouve ainsi largement intéressée dans l'entreprise. Le commandant Keane, qui a aidé à la formation de cette nouvelle compagnie, a été pendant deux ans sur le Zambèze commandant des navires de guerre *Herald* et *Mosquito*, et il repartira sans doute pour l'Afrique en avril prochain pour surveiller le transport de trois autres steamers du gouvernement sur le haut Shiré et le lac Nyassa. Il a une expérience consommée de tout ce qui touche au Zambèze et à la navigation sur ce fleuve.

» Par l'intermédiaire du commandant Keane et de M. Edouard Foa, notre agent commercial, nous avons à peu près complètement monopolisé la totalité du fret de ces régions. Les tarifs imposés seront rémunérateurs pour la flottille.

» On compte que les steamers parcourront le Zambèze dans les premiers mois de l'année prochaine (1893) et du jour où ils circuleront, ils commenceront à rapporter des bénéfices. Il y a toute raison de considérer cette entreprise comme un placement sûr et rémunérateur et l'établissement de transports efficaces sur les rivières Zambèze et Shiré doit aider considérablement au développement du pays qui est l'œuvre entreprise par la Central African et Zoutpansberg Company.

» En créant la Flotilla and Transport Company, vos directeurs poursuivent le plan prévu dans les différentes allocutions du Président du Conseil et dans les circulaires qui vous ont été envoyées, plan qui consiste principalement à développer les relations amicales et internationales dans les districts de l'Afrique Centrale dans lesquels votre compagnie est intéressée. »

PROSPECTUS

L'African international Flotilla and Transport Company est constituée au capital de 50.100 liv. st. divisé en 10.000 actions ordinaires de 5 liv. st. chacune et 100 actions de fondateur de 1 liv. st. chacune. 5000 actions ordinaires sont actuellement émises, payables 1 liv. st. en souscrivant, 2 liv. st. à la répartition et le solde par fraction de 1 liv. st. maximum à des intervalles d'au moins trois mois.

Les actions ordinaires ont droit à un dividende cumulatif de 6 0/0 et à 50 0/0 du surplus des bénéfices, l'autre moitié appartenant aux actions de fondateur.

Les administrateurs de la compagnie de la Flotilla sont MM. Cameron, président de la Central African, l'explorateur bien connu ; Robert S. Newton, ancien directeur de la Kwanza Steam Transport Flotilla ; A. F. Yarrow, constructeur de navires ; G. E Smithson, affréteur. Conseil technique : Commandant Keane, ancien officier de marine. Conseil consultatif : Colonel Serpa Pinto et major du Bocage, tous deux administrateurs de la Companhia portugaise da Zambezia ; H. Murray et Edouard Foa, administrateurs de la Central African.

Le but de la Compagnie African International Flotilla and Transport est, comme on l'a vu plus haut, d'établir un service international et postal de transports sur le fleuve Zambèze et sur le Shiré, et d'étendre ce service au fur et à mesure que le besoin s'en fera sentir.

La constitution de la Flotilla Company va permettre tout d'abord l'exploitation des houillères de Tété et des mines d'or du Mazoe. Elle ne peut manquer de favoriser l'émigration des Européens qui obtiendront de la Central African des concession moyennant des licences annuelles qui formeront la base des bénéfices de la compagnie. La place nous manque pour reproduire *in-extenso* le prospectus de la Flotilla Company : il suffira de faire remarquer que non seulement ce système de transports rendra de grands services aux planteurs et aux négociants de ces contrées, lesquels donneront naturellement tout leur fret aller et retour à la compagnie, mais encore qu'il fournira d'importants profits à la Central African et lui permettra de hâter le développement du pays.

Voici le résumé d'une entrevue que le collaborateur de l'un des principaux journaux de Londres a eue avec le capitaine Cameron, l'explorateur bien connu, président de la Central African et administrateur de la Flotilla and Transport Company.

« Les transports par eau, a dit M. Cameron, sont meilleur marché, du moins dans tous les pays neufs, que les transports par terre. Même en Angleterre, les canaux rivalisent avec les chemins de fer. Mais en Afrique, le monopole des transports par eau entraîne d'immenses avantages. Prenons un exemple. On dit qu'il faut payer 300 liv. st. (7,500 fr.) pour transporter une tonne de marchandises de Zanzibar à Uganda, à travers les possessions de la Compagnie East African, soit une distance d'environ 500 milles. Or, même actuellement nous pouvons faire le même transport par les lacs à moitié de ce prix. » — Mais lorsque le chemin de fer de Sir Mac Kinnon sera terminé, dit son interlocuteur, il aura sûrement l'avantage pour lui ? — « Il n'est question de construire le chemin de fer que sur la moitié du parcours ; il existe des montagnes très difficiles à traverser avant d'arriver au Victoria Nyanza et notre route par eau traverse environ 1500 milles de pays, et quel pays ! Tenez, sur le Shiré, un seul négociant possède une plantation de caféiers de près de trois millions de pieds et cela à 250 milles par eau des bouches du Zambèze. A Tété, sur le Zambèze, il existe d'immenses dépôts d'un excellent charbon affleurant le sol. Le Zambèze est la route la plus courte et la moins coûteuse pour se rendre au Fort Salisbury. Et à en juger par d'anciens travaux de chercheurs d'or, notre territoire au nord du Zambèze est au moins aussi riche en métaux précieux que le Matabeleland.

— « Mais que pensez-vous faire avec les 50.000 liv. st. de la Flotilla and Transport Company ? » — « Cette somme vous paraît petite, mais les glands produisent des chênes. Nous sommes en train de faire construire chez MM. Yarrow des bateaux à faible tirant d'eau portant les roues à l'arrière et chez M. Thornycroft des bateaux à hélice calant également fort peu. Le commandant Keane, qui pendant deux ans a commandé nos navires de guerre sur le Zambèze, dirige la construction de ces bateaux ; ils seront spécialement faits pour le but auquel on les destine. J'espère que ces bateaux commenceront leur service sur le Zambèze vers le milieu de février prochain. A ce moment nous transporterons un de ces steamers sur le lac Nyassa et ainsi de suite. » — « Mais la navigation sur le Zambèze est insalubre ? » — « L'équipage du commandant Keane n'a pas souffert. La santé sur le Zambèze comme à Londres dépend des soins qu'on prend. » — « Mais pourquoi supposez-vous que ces steamers feront de gros bénéfices ? » — « Les compagnies opérant dans le Congo payent déjà de bons dividendes. La Central African possède d'immenses territoires ; au nord du Zambèze et sur le Shiré ce sont de hauts plateaux qui conviennent parfaitement à la colonisation européenne. Sur la rive orientale du Shiré, il existe des plantations de café. Le Zambèze traverse une contrée plus riche encore que celle baignée par le fleuve Congo. Des colons anglais établis sur le Shiré ont déjà fait des fortunes, d'autres sont en train de faire la leur. Rien n'empêche les Européens de venir coloniser ces pays, sauf le manque de moyens de transport ; cette lacune, nous allons la combler ; on peut en supputer les résultats. »

— « Votre Flotilla and Transport Company doit donc servir en fait à développer les possessions de la Central African Company ? » — Oui, certainement. C'est pour cela que la Central African a fourni la moitié du capital de la Flotilla and Transport Company. »

— « Et vous comptez sur un avenir prospère pour les deux compagnies ? » — « Assurément j'y compte, et mon opinion sur l'avenir du Zambèze et des voies navigables à travers les lacs date de l'époque où j'ai traversé l'Afrique en 1876. Considérez également que notre capital n'est pas majoré ; l'argent a été trouvé pour un emploi immédiat sans extravagances ni dépenses inutiles d'aucune sorte. Nous n'agissons que d'après les rapports les plus soigneux d'hommes compétents. La Compagnie Central African n'a pour objet que les affaires et rien que les affaires. »

Enfin, pour terminer, nous donnons le compte rendu d'une conférence très applaudie que le capitaine Cameron a faite à la Société de Géographie de Paris le 16 décembre 1892. Voici en quels termes le *Temps* du 17 décembre 1892 a rendu compte de cette conférence :

« Les grands fleuves, le Nil, le Zambèze, le Congo et le Niger constituent, de l'avis du capitaine Cameron, d'excellentes routes de pénétration dans le centre du continent. Les grands lacs de l'Afrique centrale, vastes nappes d' eau profondes, sont des traits d'union naturels entre les bassins hydrographiques.

« Et le capitaine Cameron a indiqué comme grande ligne de pénétration celle qui est constituée par le Nil, les lacs Albert, Albert-Edouard, Tanganyka, Nyassa, par la rivière Chiré et par le Zambèze. Avec 350 milles de chemins de fer et en utilisant les fleuves et les lacs, on aurait une route économique d'au moins 600 kilomètres.

« Le capitaine Cameron ne pense pas que les rapides et les chutes d'eau constituent des difficultés invincibles. Il estime que les progrès de l'industrie et de la science permettront d'utiliser la force qu'ils recèlent. Les travaux effectués près des chutes du Niagara font espérer qu'on pourra transformer en aide précieuse ce qui, autrefois, pouvait être considéré comme un obstacle.

« L'orateur a exposé le programme de la compagnie anglaise qui s'est formée pour l'exploitation de la ligne comprise entre le Zambèze et le Tanganyka de manière à ouvrir à la civilisation l'Afrique centrale.

« Cette œuvre de la pénétration africaine, aujourd'hui que les sphères d'influence sont diplomatiquement délimitées, ne peut susciter aucune difficulté politique entre les puissances européennes qui l'ont entreprise. Il n'y a place désormais que pour les luttes pacifiques commerciales.

« Le capitaine Cameron a été applaudi quand il a rendu hommage à nos explorateurs, et notamment au commandant Monteil. Il s'est félicité du succès de nos troupes au Dahomey :

« Là, vous avez combattu non seulement pour la France, mais pour le » monde civilisé. Partout vous avez montré qu'en servant sa patrie on » peut servir la cause de l'humanité. »

« M. le prince d'Arenberg et M. Levasseur ont remercié le capitaine Cameron de sa conférence, qui avait attiré une nombreuse et brillante assistance, dans laquelle on a remarqué la présence de MM. Jules Ferry, de Vogüé, Ballay, Marcel Monnier, le lieutenant Braulot, Bayol, Gauthiot, etc. »

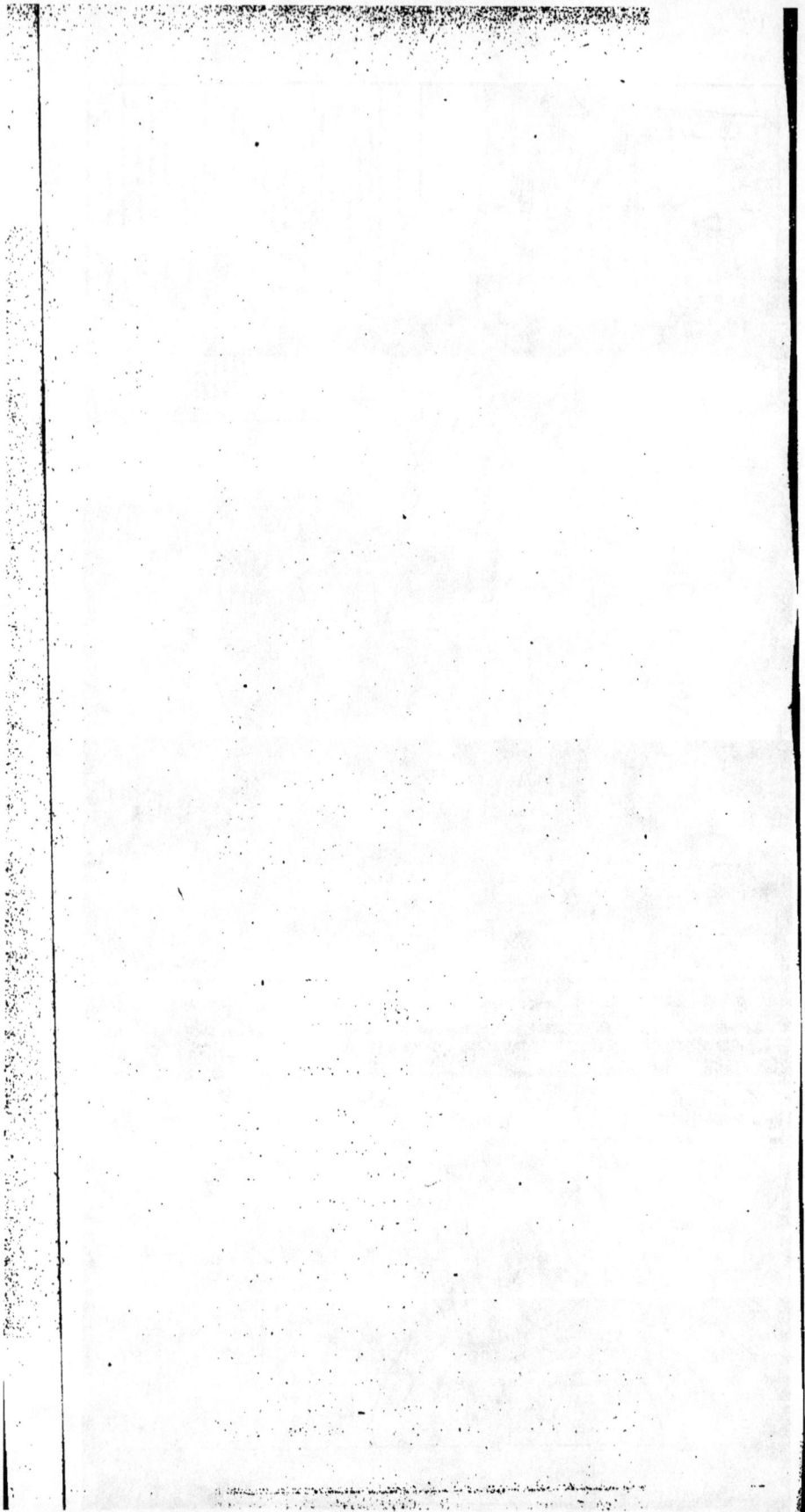

SIXIÈME PARTIE

ETUDES SUR DIVERSES COMPAGNIES

Notions générales.

Nous nous proposons dans une prochaine édition de publier une monographie de chacune des principales Compagnies Sud-Africaines.

Pour le moment nous nous contentons de consacrer une étude spéciale à deux Compagnies de mines d'or situées dans deux districts différents du Transvaal, le district de Witwatersrand et le district de de Kaap.

Dans le district de Witwatersrand, nous avons choisi pour objet de notre étude, la Compagnie *Le Champ d'Or*. Et en effet, la Compagnie Le Champ d'Or est l'unique entreprise aurifère Sud-Africaine de création française ; c'est aussi de beaucoup la plus connue en France en raison de la publicité considérable faite à son sujet par la Banque des Chemins de fer. La chute retentissante de cet établissement, la ruine de la plupart des pseudo-compagnies créées par lui, ont motivé de violentes attaques contre le Champ d'Or et des doutes sur son existence même. Nous avons pensé qu'il importait d'éclairer le lecteur tout particulièrement sur cette question. En même temps, nous donnons des plans de la propriété et des travaux miniers de cette Compagnie qui peuvent servir à se faire une idée de toutes les autres compagnies du Witwatersrand, où l'exploitation est partout conduite de la même manière.

Nous étudions ensuite la Compagnie *Sheba*, la reine du Transvaal après la *Robinson*. Là le mode d'exploitation est différent de celui du Witwatersrand, la formation géologique n'est plus la même ; de plus le marché a jusqu'ici quelque peu délaissé cette entreprise qui n'est pas encore entrée dans la pleine période de production. Son avenir n'est donc pas escompté et il importe d'autant plus de fournir aux lecteurs un sérieux élément d'étude sur cette Compagnie.

CHAPITRE PREMIER.

ÉTUDE

SUR

LA COMPAGNIE "LE CHAMP D'OR"

French Gold Mining Company, Limited

Société à responsabilité limitée,
constituée suivant les lois anglaises sur les Sociétés de 1862 à 1886

Capital £ 135,000 (3,375,000)
Divisé en 135,000 actions de £ 1 chacune.

CONSEIL D'ADMINISTRATION

MM. H. J. KING, *Président.*
E. MONTFORT, *Vice-Président.*

MM. Comte PISANI, *administrateur.*   MM. W. DETTELBACH,
H. DUPONT,   —   A. DUNKELSBULLER.
J. PAVIS.   —

COMITÉ LOCAL A JOHANNESBURG
MM. J. BERLEIN ; G. IMROTH ; Docteur MAGIN.

Siège social à Londres : 8, Old Jewry.
Agence de Paris : 1, place Boieldieu.
Bureau de transfert au Transvaal : à Johannesburg, Fraser's Buildings.
Banquiers de la Compagnie à Londres : London and Westminster Bank.

1° Historique.

C'est une curieuse histoire que celle du Champ d'Or et l'un des exemples les plus étonnants des caprices du hasard.

Tout le monde se souvient que, vers janvier 1890, Paris et la province furent inondés de prospectus et d'affiches conviant le public à souscrire aux guichets de la Banque des Chemins de fer et de l'Industrie, un capital de 80.000 liv. st. (2.000.000 fr.) en actions de 1 liv. st. (25 fr.) pour l'acquisition et l'exploitation d'une propriété minière située au Transvaal, tout à fait au sud du district de Witwatersrand, sur une ferme connue sous le nom de « Misgund ». La Compagnie devait porter le nom de : *Le Champ d'Or, French Misgund Gold Mining Company, limited.*

La souscription fut, paraît-il, entièrement couverte.

Il n'est peut-être pas inutile de citer ici les noms des sept personnes qui, suivant la loi anglaise, figurent à la constitution de la Compagnie. Ce sont : le prince André Poniatowski ; Daniel-Marie-Prosper Gueyraud ; Arthur Mollien ; Léon-Guillaume-Désiré Herla, et trois noms anglais quelconques inconnus ici. Les trois derniers personnages désignés ci-dessus sont, si nous ne nous trompons, actuellement en fuite.

Si maintenant nous consultons l'édition de 1890 de notre ouvrage « Les Mines d'Or de l'Afrique du Sud », page 259, au chapitre Monographie des Compagnies, nous trouvons qu'à la fin de 1889, il existait au Witwatersrand une certaine Compagnie Misgund, au capital de 75,000 liv. st., dont les actions étaient cotées alors, à Johannesburg, de 4 à 5 francs.

Ce cours donne la mesure de la réputation dont jouissait la ferme Misgund dans le pays comme valeur aurifère et ainsi s'explique le cours de 5 à 6 francs auquel tombaient, à Paris, vers juillet 1890, les actions nouvelles lancées par la Banque des Chemins de fer.

Mais la fortune veillait sur les souscripteurs français. Il se trouva que, par suite d'une irrégularité dans les titres de propriété, la Compagnie du Champ d'Or ne put entrer en possession du terrain pour l'acquisition duquel elle avait été créée, et dans lequel, d'ailleurs, il ne paraît pas y avoir jamais eu d'or. C'était un cas de nullité. On était sous le coup d'une restitution des fonds si l'on ne pouvait pas au moins justifier de la possession d'une propriété quelconque.

Dans l'intervalle, une crise financière intense, née des excès de la spéculation, avait éclaté au sud de l'Afrique. Nombre de mines étaient abandonnées faute de fonds de roulement. Une Compagnie entre autres, la *King Salomon*, sur le Bothas Reef, était tombée en liquidation. Certains travaux miniers avaient été effectués sur cette mine ; on avait cru trouver un filon assez riche, on avait monté 10 pilons, mais les broyages effectués n'ayant donné que deux à trois dixièmes d'once, les travaux avaient été interrompus et la liquidation votée. On proposa à la Compagnie du Champ d'Or d'acheter la King Salomon avec tout son matériel et l'affaire fut conclue moyennant une somme de 5.000 liv. st. (125.000 fr.) en espèces, et 10.000 liv. st. en actions du Champ d'Or. Il faut noter que le matériel valait à lui seul plus de deux fois la somme payée en espèces.

La Compagnie mit à la tête de sa nouvelle acquisition un Français, ancien contremaître dans la Compagnie Française des Diamants du Cap à Kimberley, M. Chouan, originaire de Bretagne. Celui-ci fit venir une pompe, vida les galeries pleines d'eau et, après quelques travaux sommaires, il démontra bientôt par quelques broyages qu'un riche filon existait bien dans la mine et que l'insuccès de ses prédécesseurs provenait simplement de ce qu'ils abattaient à droite et à gauche du filon une quantité de matière stérile dont le mélange avec le filon proprement dit réduisait la teneur à un chiffre infime. Où les autres avaient trouvé un dixième d'once, M. Chouan produisit une once et demie à la tonne.

Sur cette nouvelle, la Banque des Chemins de fer ramasse à vil prix toutes les actions qu'elle peut trouver sur le marché, et pour régulariser enfin la situation légale de la Compagnie, elle fait tenir deux assemblées extraordinaires plus ou moins clandestines à Londres, les 27 janvier et 17 février 1891, dans lesquelles le nom de : Le Champ d'Or French Misgund est changé en celui de : *Le Champ d'Or French Gold Mining Company.*

La nouvelle Compagnie fut enregistrée à Londres le 6 mars 1891, avec un capital nominal de 100.000 actions de 1 liv. st. dont 80.000 émises et 20.000 restant à la souche.

Sur les 80.000 actions émises, représentant à 1 liv. st. un capital de 2 millions de francs, 10.000 actions furent données, comme il vient d'être dit, à la liquidation de la King Salomon ; le produit de 30,000 actions, soit 750.000 fr., devait être affecté au capital d'exploitation de la Compagnie. Mais en réalité, à l'exception des 10.000 actions et des 5.000 liv. st. (125.000 fr.) espèces données à la King Salomon, à l'exception d'une somme de 2.000 liv. st. (50,000 fr.) payée pour frais de transferts ou autres dépenses légales, et d'une somme d'environ 7.000 liv. st. (175.000 fr.) versée pour l'acquisition d'une nouvelle batterie de 10 pilons, la Banque des Chemins de fer a gardé et dilapidé tout le capital de la Compagnie du Champ d'Or, grâce à la connivence des hommes qu'elle avait mis à la tête du Conseil d'administration.

Bien plus, à l'assemblée extraordinaire tenue en décembre 1891, l'établissement de la rue de Londres réussit, malgré l'opposition d'un groupe d'actionnaires, à faire voter l'émission des 20.000 actions de réserve restées à la souche. Cette émission était monstrueuse, puisque la Compagnie du Champ d'Or était encore créancière, à cette époque, de la Banque des Chemins de fer, de 300 ou 400.000 francs.

Sur ces 20.000 actions, 16.000 ont été remises à la Banque et placées par elle dans des conditions qui font actuellement l'objet d'un procès entre la Compagnie et le syndic de la Banque.

Fin mars 1892 plusieurs administrateurs de la Banque des Chemins de fer ayant pris la fuite, les scellés furent mis, non seulement sur les bureaux de la Banque, mais aussi sur ceux de deux ou trois compagnies de sa création, entre autres le Champ d'Or.

D'autre part, il se trouvait que sur les cinq administrateurs du Champ d'Or, deux étaient en fuite, le troisième était mort, et les deux autres avaient donné leur démission en nommant à leur place le secrétaire de la Compagnie, comme seul administrateur provisoire (ceci d'accord avec les statuts).

Ce ne fut pas sans difficultés que le nouvel administrateur put obtenir la levée des scellés et la séparation des affaires de la Compagnie de celles de la Banque des Chemins de Fer. C'est ce qui explique comment l'assemblée extraordinaire, nécessaire pour régulariser la situation du Champ d'Or et mettre les actionnaires au courant, ne put être réunie que six semaines après la chute de la Banque, le 2 mai 1892.

L'assemblée du 2 mai révoqua les deux administrateurs en fuite et nomma un nouveau conseil ainsi composé : MM. E. Montfort, comte Pisani, H. Porcheron, J. Pavis et H. Dupont. Elle sanctionna un emprunt sur la simple signature de la Compagnie, de 150,000 fr. dont 100,000 fr. furent employés à rembourser une hypothèque de même somme que le directeur de la mine avait dû consentir sur la propriété pour payer l'acquisition des Claims Exner, acquisition ordonnée par l'ancien conseil, mais pour laquelle la Banque des Chemins de Fer, banquier de la Compagnie, n'avait pas pu fournir les fonds.

2° La Mine.

Mais il est temps de parler de la mine elle-même, dont l'existence est encore mise en doute à l'heure actuelle par certaines personnes en France.

Propriété. — La propriété actuelle du Champ d'Or, qui n'est autre que l'ancienne Compagnie King Salomon, ainsi qu'on l'a vu plus haut, est située au Transvaal, dans la partie ouest du district de Witwatersrand, au nord de la ferme Witpoortje, et contre la ferme Liupaards Vlei. (Nous prions nos lecteurs de se référer à la carte du Witwatersrand, page 50.)

Elle consistait tout d'abord en 32 claims ; mais ensuite 17 claims, connus sous le nom de claims Exner, voisins de la propriété, ont été achetés par le directeur-gérant sur l'ordre du Conseil, acquisition pour le paiement de laquelle le gérant dut emprunter, comme il est dit ci-dessus. (Voir le plan de la propriété, page 131.)

Les 32 premiers claims du Champ d'Or sont sur la série du Botha's Reef (filon Botha), que beaucoup de personnes considèrent aujourd'hui comme une cassure du filon principal (Main Reef) qu'un mouvement de la croûte terrestre aurait porté vers le nord. Sur les 49 claims formant aujourd'hui la totalité de la propriété, 31 sont en ligne sur l'affleurement du filon ; les 12 autres forment une seconde ligne touchant immédiatement la première au sud et les 6 autres sont séparés, sur la ferme Liupaards Vlei.

Toutefois, vers le milieu de la propriété, les couches de minerai s'infléchissent vers le nord et leur affleurement sort de la propriété du Champ d'Or en forme d'arc sur les claims Exner ou Syndicat Germania. C'est ce qui explique pourquoi le directeur-gérant a demandé à acquérir ces claims. De cette façon la Compagnie du Champ d'Or possède ses filons depuis leur affleurement jusqu'à une profondeur que l'expérience seule délimitera.

Voici d'ailleurs à ce sujet une coupe sur les trois sections qui forment la propriété du Champ d'Or. (Voir la figure page 136.) Elle indique le pendage probable des filons dans les trois sections, en prenant pour base leur inclinaison près de la surface. Elle montre la distance respective entre le point où les filons affleurent et la limite sud de la propriété dans les trois sections. Bien que cette figure ne soit que théorique pour les profondeurs au-dessous du dernier niveau actuellement ouvert, elle permet, en la rapprochant du grand plan longitudinal des travaux actuels, page 142, de se rendre compte de la quantité approximative de minerai restant à extraire de la mine du Champ d'Or, étant donné l'état d'avancement des travaux dans les trois sections. Un simple coup d'œil sur ces différents documents suffit pour démontrer qu'il n'y a pas à se préoccuper de l'épuisement de la mine avant des années. Il suffirait d'ailleurs d'acquérir les terrains au sud (*deep level*) pour assurer son existence illimitée.

Coupes sur les 3 filons.

Coupe transversale A B.
sur la section Ouest.

Coupe transversale sur la section Centrale C D

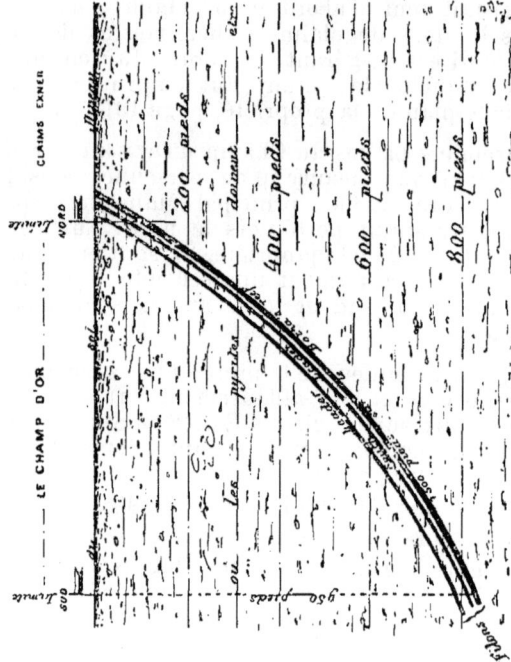

Coupe transversale E F
sur la section Est.

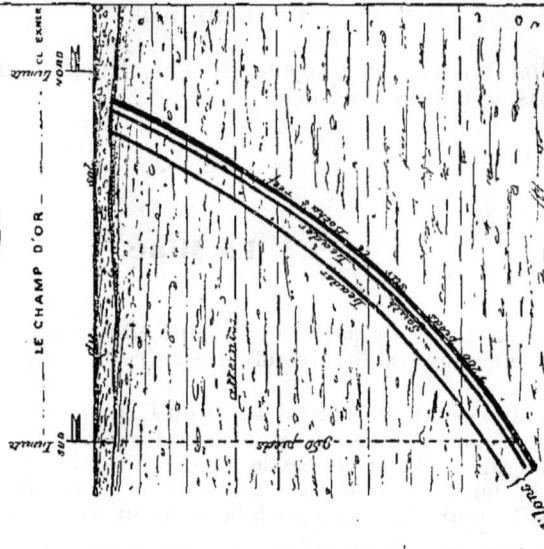

Fig. 14.

Filons. — Trois couches parallèles de conglomérat aurifère parfaitement caractérisées ont été mises à jour dans la propriété du Champ d'Or ; elles traversent la propriété dans toute son étendue de l'est à l'ouest, soit sur une longueur effective d'environ 1000 mètres, et elles s'enfoncent dans le sol suivant une inclinaison d'environ 65 degrés vers le sud. Toutefois les couches présentent à deux endroits deux solutions de continuité qui divisent la masse minérale en trois blocs.

Les couches de conglomérat sont, comme il est dit plus haut, parallèles et ne sont séparées que par une petite distance (quelques pieds seulement). Elles sont dénommées de la manière suivante : *Bothas Reef-South Leader* et *Leader*. Le *Bothas Reef* a environ 5 pieds de large et sa richesse est d'environ 8 pennyweights (il y a 20 pennyweights dans une once et l'once vaut environ 91 francs). Le *South Leader* est très riche (jusqu'à 7 onces à la tonne), mais il est si étroit qu'on ne l'a pas exploité jusqu'ici. Le *Leader* varie de 9 pouces à 18 pouces de largeur et donne en moyenne 1 once d'or à la tonne.

La Compagnie King Salomon n'avait exploité que la partie ouest de la propriété. La Compagnie du Champ d'Or a continué ces travaux et a ouvert des puits verticaux sur les autres parties de la propriété.

Le plan ci-joint (page 142) qui donne une coupe longitudinale de l'état des travaux au 31 août 1892, permet d'ailleurs de se rendre très exactement compte de l'ensemble de l'exploitation minière.

Batterie. — La batterie du Champ d'Or ne se composait au début que de 10 pilons achetés avec la propriété de la Compagnie King Salomon. Ces 10 pilons étaient éloignés de la mine d'environ 2 1/2 milles vers l'est (voir le plan page 131), ce qui était un grand inconvénient. En 1891, la Compagnie acquit 10 nouveaux pilons qu'elle monta sur la propriété même et elle ramena en même temps les 10 premiers sous le même toit. Les 20 pilons entrèrent en fonction en novembre 1891. En mars 1892, on acheta les Claims Exner sur lesquels se trouvaient 10 pilons ; le directeur commença à broyer avec les 2 batteries séparées en mars 1891, mais cette séparation occasionnant de grands frais, il acheta 10 nouveaux pilons qu'il monta contre les 20 pilons fonctionnant sur la mine ; quand ceux-ci furent prêts, il réunit les 10 pilons des Claims Exner aux 30 pilons sur la mine. Depuis le 1er septembre 1892, 40 pilons fonctionnent sous le même toit. (Voir l'emplacement de la batterie sur le plan page 131.)

Production. — Comme nous l'avons dit plus haut, les rendements obtenus par l'ancienne compagnie King Salomon avaient été extrêmement défavorables. Le nouveau directeur du Champ d'Or prouva bientôt que les résultats défectueux obtenus par ses prédécesseurs devaient être attribués uniquement à une exploitation inexpérimentée, ainsi qu'il est expliqué ci-dessus. Il entreprit les travaux de développement le 1er février 1891, et dès le 1er mars suivant il commençait le broyage.

Voici (page 138) les chiffres de la production depuis l'origine :

3° Production du Champ d'Or depuis l'origine

Compagnie King Salomon.

ANNÉES	MOIS	Nombre de tonnes broyées	Nombre de pilons	Nombre d'onces d'or produites	Teneur par tonne en dwts	Valeur de la production
						£
1888	»	»	»	315	»	1.102
1889	»	250	10	32	2.56	112
1890	»	2.350	10	436	3.73	1.527

Compagnie Champ d'Or.

ANNÉES	MOIS	Nombre de tonnes broyées	Nombre de pilons	Nombre d'onces d'or produites	Teneur par tonne en dwts	Valeur de la production
1891	Mars........	637	10	613	19.24	
»	Avril........	655	10	636	19.42	
»	Mai.........	596	10	654	22.02	
»	Juin........	630	10	819	26. »	16.144
»	Juillet	540	10	680	25.16	
»	Août......	630	10	1.056	33.54	
»	Septembre...	660	10	905	27.45	
»	Octobre.....	825	10	1.116	26.81	
»	Novembre...	985	20	826	16.85	
»	Décembre ...	985	20	826	14.28	
1892	Janvier.....	1.700	20	1.214	12.50	
»	Février.....	2.085	20	1.301	13. »	
»	Mars........	2.700	30	1.730	»	
»	Résidus.	»	»	393	13.78	
»	Avril	2.500	30	1.724	»	53.321
»	Résidus.	»	»	362	13.83	
»	Mai.........	2.580	30	784	»	
»	Résidus.	»	»	284	12.07	
»	Juin........	2.473	30	1.493	»	
»	Résidus.	»	»	398	12.03	
»	Juillet	1.862	30	1.420	»	
»	Résidus.	»	»	272	»	
»	Août.......	2.200	30	1.143	10.11	
»	Résidus.	»	»	393	»	
»	Septembre...	3.138	40	1.837	7.24	5.060
»	Résidus.	»	»	339	»	
»	Octobre.....	3.300	40	1.350	8.29	5.826
»	Résidus.	»	»	290	»	
»	Novembre...	3.900	40	1.800		7.527
»	Résidus.	»	»			
»	Décembre ...	»				
»	Résidus.	»				
	Totaux ..	**37.195**		**27.173**		**90.619**

Soit une production de plus de **2.265.000 francs.**

Résumé.

En résumé, il est hors de doute que le Champ d'Or constitue une propriété dont la valeur est égale, sinon supérieure, à celle d'un grand nombre de compagnies les mieux cotées du district de Witwatersrand. La meilleure preuve qu'on en puisse avoir réside dans ce fait que le directeur, en dehors des fonds consacrés à l'acquisition des claims et de 10 pilons en plus de ceux acquis avec la King Salomon et les claims Exner, n'a eu, pour ainsi dire, aucune somme liquide à sa disposition. Les dépenses considérables pour achat de matériel; frais de développement : amélioration de toutes sortes, ont dû être prélevées pour plus des trois quarts sur les produits mêmes de la mine. C'est le plus bel éloge qu'on en puisse faire.

4° Rapport du Conseil d'administration pour l'exercice 1891-1892 présenté à la deuxième assemblée générale ordinaire des Actionnaires tenue à Londres, Winchester House, Old Broad Street, le vendredi 25 novembre 1892, à midi.

MESSIEURS,

Nous avons l'honneur de vous présenter les Rapports du Conseil d'administration et du Commissaire, les comptes et le bilan du deuxième exercice de votre Compagnie s'étendant depuis le 1er septembre 1891 jusqu'au 31 août 1892.

Pendant cet exercice, votre mine a subi des améliorations considérables, tant en acquisition de nouvelles propriétés qu'en constructions et en travaux de développement, comme vous pourrez vous en convaincre par les extraits suivants du Rapport annuel du Directeur sur l'exploitation minière.

Nouvelle propriété. — Au mois de février, votre Compagnie a fait l'acquisition de la propriété limitrophe au Nord, le Germania Syndicate (ou claims Exner) consistant en 17 claims, un droit d'eau, une batterie de 10 pilons, divers bâtiments et matériel, pour le paiement de laquelle le Directeur a été obligé d'emprunter à la « Standard Bank ».

Travaux miniers.

Il a été miné 22,470 tonnes de minerai, dont 14,266 tonnes dans le Leader et 8,204 tonnes dans le Botha's Reef, ainsi réparties: Section est: Leader néant ; Botha's Reef 400 tonnes. Section centrale : Leader 3,000 tonnes, Botha's Reef 7,604 tonnes. Section ouest : Leader 11.266 tonnes, Botha's Reef 8,204 tonnes.

Les frais pour ces travaux ont été de £ 14.715.6.7.

Epuisement de l'eau. — Ce travail a occasionné une dépense de £ 1,532.16.7.

Transport. — Il a été transporté à la batterie 20,114 tonnes, pour une dépense de £ 1,037.17.6.

Traitement à la batterie. — Les batteries ont broyé 20,114 tonnes qui ont coûté £ 6,498.12.8.

Ce traitement a produit 14,308 onces d'or 14 dwts, d'une valeur de **un million 288,000 francs**, soit une teneur moyenne de 14 dwts 25, avec un nombre moyen de 22 pilons.

Refoulement de l'eau. — Il a été dépensé pour refouler l'eau à la Batterie £ 577,9.1.

Travaux de surface. — Tous les travaux compris dans ce chapitre ont occasionné une dépense de £ 2,214.16.11.

Entretien. — Les travaux d'entretien de la mine, batterie, installation électrique, pompes, etc., se montent à la somme de £ 882.9.1.

Frais généraux, légaux et de Banque. — Ces frais se sont élevés à £ 2,716.6.7.

Amortissement. — En dehors de ces frais, il convient d'ajouter un amortissement de £ 5,387.3.2.

Prix de revient par tonne (*Amortissement compris*).

Travaux miniers. . . . . £	0.14. 5.70
Transport.	1. 0.30
Traitement	6. 5.50
Refoulement de l'eau	0. 6.20
Surface	1 11.60
Entretien	9.40
Frais divers.	2.5. »
Amortissement	5.4.20
Total du prix de revient . . . . £	1.12.11.90

La valeur de l'or, avec une teneur moyenne
de 14 dwts 25, étant de . . . . £   2.12. 3
Les frais étant de. 1.12.11

Reste : Bénéfice par tonne. . . . . £ 0.19. 3.10

Frais de développement et de première installation. — Le compte « Frais de développements », qui ne comprenait, à la fin de l'exercice précédent que 1,448 pieds, a été porté, durant le présent exercice, à 6,613 pieds; ces travaux ont ouvert un tonnage de minerai *en vue* de 79,324 tonnes dont on a exploité 22,470 tonnes seulement. Dans le Leader 16,504 tonnes et dans le Botha's Reef 40,350 tonnes.

Il reste donc actuellement prêt à abattre, dans les 2 filons, un total de 56.854 tonnes.

La dépense nécessitée par ces développements a été de £ 12.227, soit, par pied, une moyenne de £ 1.16.0.80.

Matériel et outillage. — Ce chapitre a éprouvé une augmentation considérable pendant l'exercice 1891-1892.

La Batterie, qui, à la fin du précédent Exercice, ne se composait que d'un jeu de 10 pilons en mauvais état, situé à plus d'un mille de la Mine, et d'un matériel élémentaire, a été successivement portée à 40 pilons, et cette Batterie est maintenant érigée en bonne place au centre de la Mine. Elle est actionnée par :

1 Machine à vapeur Marshall de 25 chevaux; 2 chaudières Marshall de 16 chevaux chacune; 1 chaudière Cornouailles de 30 chevaux, et comprend des bâtiments, hangars, entrepôts, abris et tous les appareils accessoires, tels que : élévateurs, broyeurs, Berdan pans, roues élévatrices pour tailings, réservoirs, etc.

L'ensemble de ces installations a coûté la somme de. . . . .£   17.926.15

Il a été, en outre, dépensé pour toutes installations aux deux Droits d'Eau :

Pour le service des pompes. . . . .£   169. 5. »
A la « Pumping station » n° 1. . . . .   978. 4. 8
Sur le Droit d'Eau n° 1. . . . .   408. 7. 4
Pour la remise en état du Droit d'Eau n° 2. . . . .   285. 1. 10
A la « Pumping station » n° 2. . . . .   1.444. 14. 2
A la construction d'un grand réservoir (en cours). 66. 4. 6
Pour l'installation électrique, éclairage, sonneries :
2 moteurs et 2 dynamos, lampes, machine Robay et 6,000 pieds
de fils avec supports . . . .   715. 14. »
Pour frais relatifs aux tramways, rails et wagonnets 1.108. 11. 4

Matériel d'Épuisement. — Il a été acheté et monté 3 machines et chaudières de 16 chevaux chacune, 23 wagonnets et 6 pompes à vapeur avec 3,400 pieds de tuyaux. L'ensemble de ce matériel est représenté par une somme de . . . .£ 3.764. 2. 9

Puits d'Extraction. — Dans les 5 puits nos 1, 2, 3, 4 et 8, il a été foncé 478 pieds pour une somme de. . . . .£ 1.820. 8. 1

Bâtiments. — L'ensemble des divers bâtiments, tels que maison du Manager, quartiers (compounds) des ouvriers noirs et blancs, magasins, abris pour machines et moteurs, s'élèvent à la somme de . . . .£ 3.103. 6. 7

Stock. — Les marchandises en magasin représentent. . . . .£   820. 6. 10

Minerai à la surface. — La quantité de minerai à la surface est de 2,360 tonnes, d'une valeur, au prix coûtant, de. . . . .£ 1.452. ». »

Tailings (Résidus). — Le cube des résidus prêts à être traités est évalué par le Manager, à 17,000 tonnes environ qui, comptés à la valeur très basse de 0.5 sh. par tonne, donnerait une valeur de plus de. . . . . . .£ 4.000. ». »
Les concentrés représentent environ 30 tonnes.

D'après le résumé de ce Rapport, il sera facile de se rendre un compte exact de la situation actuelle de la Mine et des travaux considérables qui y ont été exécutés pendant cet exercice.

Les chiffres qui précèdent démontrent l'activité qui a été déployée dans les développements de la Mine, qui font du **Champ d'Or** une des mines les plus puissamment outillées et développées du district, et il est bon de remarquer que tous ces travaux ont été accomplis dans l'espace fort court de deux années et avec un capital de travail très restreint.

Partie Financière.

Si ces importantes installations, ces acquisitions de propriétés et de matériel que nous venons de résumer, ont donné une grande plus-value à votre propriété minière, elles ont aussi entraîné de grandes dépenses et nécessité certains engagements financiers. Le premier soin du Conseil actuel a été d'envoyer au Transvaal les sommes nécessaires pour dégager l'hypothèque de la Standard Bank qui grevait la Mine.

Il n'est pas nécessaire de vous rappeler le grave préjudice causé à votre Compagnie par la faillite de la Banque des Chemins de fer, qui a englouti toutes ses ressources déposées dans ses caisses et constituant son fonds de roulement. Aussi, dans le bilan qui vous est présenté, la somme provenant de cette importante créance ne figure-t-elle que pour mémoire. Sans ce désastre financier, l'Exercice qui vient de se terminer aurait été des plus brillants, car il aurait dû laisser un bénéfice de plus de 500,000 francs, soit plus de 20 0/0 du capital engagé. Ces résultats doivent vous donner la plus entière confiance dans l'avenir, et la valeur de votre Mine, car on peut considérer que la période des coûteuses installations allant être définitivement close, tous les bénéfices retirés pourront être consacrés à payer des dividendes, et nous espérons même pouvoir, d'ici quelques mois, vous distribuer un fort acompte sur l'Exercice 1892-1893.

D'accord avec les avis reçus du Manager, le Conseil croit qu'il serait du plus haut intérêt d'installer une usine pour traiter directement nos tailings et d'achever divers travaux destinés à assurer à votre Compagnie tous les profits qu'elle est susceptible de réaliser dans l'avenir. Cette usine doit donner, d'après les évaluations, des profits nets d'environ £ 1,500 par mois.

Votre Conseil considère que, pour faire face à ces divers besoins et reconstituer un fonds de roulement qui vous fait défaut, il est largement suffisant de créer 35,000 actions nouvelles de £ 1 chacune, ayant les mêmes droits que celles déjà existantes, et c'est cette autorisation qu'il vous demande.

Sur ces 35,000 actions, il vous propose de n'émettre actuellement que 20,000 actions qui seront offertes par privilège au pair aux actionnaires au prorata des titres qu'ils possèdent, le solde de ces actions, soit 15,000, étant réservé pour être émis ultérieurement avec prime, d'accord avec le contrat provisoire passé à cet effet entre votre Conseil, au nom de la Compagnie, et la maison H.-J. King, de Londres. Par ce traité, la maison King garantit de souscrire, au pair, telle partie desdites 20,000 actions qui ne seraient pas souscrites par les actionnaires, et en garantie de cette opération elle verse une caution de 200.000 francs. Dans le but d'obtenir des actionnaires l'approbation de ce contrat et de l'augmentation du capital, il sera tenu aussitôt après l'Assemblée générale ordinaire une Assemblée générale extraordinaire, pour laquelle un pouvoir séparé sera nécessaire.

Une copie dudit contrat, qui sera soumis à l'Assemblée générale, sera tenue à la disposition des actionnaires qui pourront, avant la réunion, en prendre connaissance au siège social, à Londres, 8, Old Jewry, et à l'agence de Paris, 1, place Boïeldieu.

Administrateurs. — D'après les statuts, deux Administrateurs se retirent et il y a lieu de procéder à la réélection de l'un d'eux qui se représente ; et les statuts donnant la possibilité de compléter le Conseil jusqu'à sept membres, l'Assemblée aura à élire trois nouveaux Administrateurs.

Commissaires aux Comptes. — Vous aurez également à désigner un ou plusieurs Commissaires aux comptes pour l'Exercice 1892-1893, en remplacement de M. L. Bourbon qui se retire, mais est rééligible.

5° Assemblées ordinaire et extraordinaire du Champ d'Or tenues à Londres le 25 novembre 1892.

ASSEMBLÉE ORDINAIRE

La deuxième assemblée générale ordinaire des actionnaires de la Compagnie « Le Champ d'Or » French gold Mining Limited, a eu lieu le 25 novembre, à Londres, Winchester House, sous la présidence de M. E. Montfort, président de la Société.

Le secrétaire (M. H. Selby) a lu la lettre de convocation ; le rapport et les comptes ont été considérés comme ayant été lus, les actionnaires les ayant reçus avant l'assemblée.

EXTRAITS DE L'ALLOCUTION DU PRÉSIDENT

Le président a prononcé une allocution dont nous extrayons les passages suivants :

Je présume que vous êtes tous au courant des faits signalés dans le rapport et ayant trait à votre mine. En portant ces faits à votre connaissance, nous

PROPRIÉTÉ "LE CHAMP D'OR" FRENCH GOLD MINING COMPANY LIMITED

Plans et Coupes des Travaux

SECTION OUEST
Coupe suivant le Leader

Puits n°2

Puits n°1

Coupe suivant le Botha's Reef

LIMITE du CHAMP d'OR

SECTION CENTRALE

Coupes suivant le Botha's Reef

Puits n°3

Coupe suivant le Leader

Puits n°4

Puits n°3

SECTION EST

SECTION EST

Puits n°8

Puits n°4

LIMITE du CHAMP d'OR

N

Plan au niveau de 50 pieds
Puits n°3

Plan au niveau de 100 pieds

Botha's Reef
Leader

Plan au niveau de 15 pieds
Puits n°3

Puits n°8 et 8 Botha's Reef
L'Or

Plan au niveau de 100 pieds
Puits n°4

Botha's Reef
Leader

Plan au niveau de 100 pieds
Puits n°7
Leader

Botha's Reef

Plan au niveau de 100 pieds

Puits n°1

Plan au niveau de 200 pieds

Plan au niveau de 275 pieds
Puits n°1

Section transversale (Ouest)

Section transversale (Centrale)

Légende

Les parties hachurées en traits pleins et parallèles représentent les travaux terminés au 31 Juillet 1891 et la Compagnie "Syndicat".

Les parties exécutées par la C.ie au 31 Août 1891.

Les parties indiquées en traits pleins représentent les travaux exécutés pendant l'Exercice 1891–1892.

Les parties figurées comme ci-contre indiquent le Minerai extrait.

Les parties avec hachures croisées indiquent les Cassures, les Failles et les Régions brisées.

Échelle :
0 100 200 300 pieds

Dessin de A. Bastet.

Teutonia G.M. C.ie

Mydas Battery Reef G.M. C.o

avons essayé de vous présenter, sous une forme aussi concise que possible, un résumé des affaires de la Société ainsi que de l'état actuel de la propriété ; mais nécessairement ces faits ont dû être considérablement condensés, étant donné que les derniers comptes de la mine ne nous sont parvenus que peu de jours avant la publication du rapport. J'espère que vous serez d'accord avec moi que nous avons de bonnes raisons d'être très satisfaits de notre propriété et des travaux qui y ont été exécutés.

Travaux exécutés pendant l'exercice.

Les travaux à la mine n'ont commencé qu'en février 1891, c'est-à-dire il n'y a pas encore deux ans, et les premiers travaux de broyage ont eu lieu le 1er mars suivant. Depuis cette date les broyages ont continué et les 26,057 tonnes de minerai extraites, traitées et broyées en tout, ont produit 18.768 onces d'or d'une valeur totale d'environ liv. st. 68,700 (1,717,500 fr.) ; d'autre part, nous avons ouvert 6,613 pieds de puits et des galeries et exécuté d'autres travaux de développement. Le résultat de ces travaux a été de mettre à découvert 57,000 tonnes de minerai qui sont en vue et prêtes à l'abatage et qui, selon les estimations, doivent produire plus de liv. st. 90,000 (2,250,000 fr.) d'or ; de plus, nous avons plus de 3,300 tonnes de minerai sur le carreau et plus de 17,300 tonnes de « tailings » (résidus) non traités. De ces deux derniers chefs, nous espérons retirer de l'or pour environ liv. st. 30,000 (750,000 fr.). En d'autres termes, nous espérons retirer de tous ces travaux la valeur de liv. st. 120,000 d'or (3,000,000 fr.). Nous estimons que ce résultat est sans parallèle dans l'histoire des mines de notre district, si l'on prend en considération la courte durée des travaux, le petit nombre de pilons — en moyenne 22 pendant l'année écoulée et encore moins durant la période précédente — les difficultés inséparables de la mise en exploitation d'une nouvelle mine et le capital restreint dont nous disposions.

Pendant l'exercice écoulé nous avons eu à lutter contre de nombreuses difficultés, parmi lesquelles figure en premier lieu la pénurie de la main-d'œuvre indigène ; c'est d'ailleurs un des inconvénients dont ont souffert toutes les Compagnies du pays. Le personnel total de notre Compagnie comprend 600 ouvriers indigènes et 35 blancs.

La batterie comprend maintenant 40 pilons ; elle a été établie le 1er octobre 1892 et est en parfait état. La machine à vapeur actuelle, d'une force de 30 chevaux, qui fait marcher la batterie, est considérée comme insuffisante pour le travail, et le gérant conseille d'établir un deuxième moteur de la même force. En attendant, la machine d'une force de 16 chevaux achetée du « Germania Syndicate » (dont la Compagnie a acheté les claims), a été mise en marche afin de diminuer la fatigue de l'autre machine. Le minerai actuellement broyé a été pris dans le filon principal qui a une largeur de 5 à 6 pieds, ainsi que des « dumps » qui sont des débris du minerai abattu, mélangé de pierre sablonneuse. Le « dumps » est assez productif et le filon principal accuse environ 7 dwts (7 vingtièmes d'once d'or, l'once vaut 91 francs) sur les plaques. Le filon riche n'a pas été broyé pendant les derniers mois, le gérant (manager) ayant l'intention d'en retarder le broyage jusqu'à ce qu'on ait porté remède à la pénurie de la main d'œuvre indigène, vu qu'il faut beaucoup plus de bras pour abattre le filon riche qui est étroit que pour abattre le filon principal. D'après les derniers avis, les indigènes arrivent en petits groupes et le manager recommence les travaux au filon riche.

Difficultés rencontrées pendant l'exercice.

Nous regrettons de constater que notre exploitation a été sérieusement entravée par la liberté absolue laissée au commerce des liqueurs dans le district. Autour de notre propriété cinq cantines ont été récemment établies, à 100 mètres de distance de notre puits principal : cela augmente considérablement les difficultés contre lesquelles l'administration a à lutter. Des réclamations ont été adressées à cet effet aux autorités compétentes et il y a lieu d'espérer qu'on mettra fin à ce système de licence absolue dans la vente des liqueurs. Un autre obstacle a été la pénurie d'eau; mais il est maintenant éliminé par la construction des digues et des réservoirs dont fait mention le rapport et qui sont assez puissants pour alimenter 60 pilons. Deux nouvelles stations de pompes ont été établies.

Entre autres choses, nous pouvons faire ressortir que nous avons été les premiers à introduire dans les mines du district l'électricité comme force motrice.

Au mois de septembre dernier, nous avons introduit dans notre mine la première installation pour la transmission électrique de la force et depuis ce temps elle a fonctionné nuit et jour sans interruption. Depuis son inauguration, l'installation a été complétée; elle consiste maintenant dans deux dynamos, reliés par des fils de cuivre aux moteurs du réservoir qui se trouve à 700 pieds de la batterie. Ces moteurs font fonctionner les pompes et fournissent l'eau nécessaire à toute la batterie. Un appareil fixé à la batterie permet de mettre en marche, d'arrêter et de régler la vitesse du moteur de la pompe, de sorte que toute surveillance aux moteurs et aux pompes est maintenant superflue. De cette façon on est arrivé à économiser beaucoup de travail et de matériel. Autrefois, les pompes étaient mues par des câbles métalliques qui se dérangeaient souvent et nécessitaient l'arrêt de la batterie pendant la durée des réparations; de plus, beaucoup de force se perdait avec ce procédé. L'économie réalisée de ce chef est évaluée à près de liv. st. 4,000 (100,000 fr.) par an.

Les lignes de tramway, tant au-dessus qu'au-dessous du sol, sont parfaitement équipées et un embranchement relie l'une d'elles avec le chemin de fer de Bocksburg à Krugersdorp; cet embranchement traverse la partie nord de la propriété de la Compagnie ainsi qu'une partie des claims d'Exner que nous avons récemment achetés du « Germania Syndicate ». La Compagnie possède sur cette ligne un quai qui lui appartient en propre pour le déchargement de ses marchandises. Il paraît que pour faciliter la livraison de la houille, etc., aux mines, la Chambre de commerce de Johannesburg est actuellement en négociation avec la Société du chemin de fer néerlandais pour l'établissement d'une voie ferrée au sud de Johannesburg, le long du filon principal, en partant de la propriété de la « Spes Bona Company » à l'est pour arriver jusqu'à notre propriété à l'ouest. Si cette ligne était construite, elle faciliterait considérablement la livraison de la houille et des marchandises dans notre propriété et supprimerait en même temps un autre des grands obstacles contre lesquels nous avons à lutter, à savoir les retards apportés dans la délivrance du charbon et les nombreuses difficultés que nous rencontrons dans le transport des marchandises et des matériaux nécessaires à nos travaux.

Bénéfices à prévoir du traitement des résidus.

Il est certain qu'une de nos principales sources de revenu proviendra des « tailings » (résidus) dont nous possédons — comme nous l'avons déjà dit — plus de 17,000 tonnes. Leur traitement a démontré qu'ils contiennent en moyenne 6 à 7 dwts d'or par tonne. En vertu d'un contrat passé avec l' « African Gold Recovery Syndicate », ce dernier a jusqu'à présent traité nos « tailings » d'après le procédé de Mac Arthur Forest, en nous allouant seulement 3 sh. 6 d. (4 fr. 35) par tonne traitée, pour une quantité de 10,000 tonnes. Ce contrat expirera bientôt et les directeurs ne se proposent pas de le renouveler; ils ont l'intention de traiter les tailings eux-mêmes, soit par le susdit procédé, soit par un autre plus avantageux, et dans ce but ils ont fait dresser un devis de l'usine nécessaire dont le coût total est de liv. st. 4,000 (100,000 fr.). D'après le devis, cette usine permettra de traiter 4,000 tonnes de résidus par mois. Le prix prévu pour le traitement des tailings par le procédé Mac Arthur Forest aux usines projetées, y compris la redevance aux propriétaires du brevet, s'élève à 15 sh. par tonne; cette dépense laisserait, d'après l'avis du directeur-gérant, un bénéfice de 7 sh. (8 fr. 75) par tonne de résidus traités, en prenant pour base de l'estimation la qualité moyenne du minerai d'où nos tailings proviennent.

Examen des comptes.

Nous espérons que vous trouverez les comptes assez explicites, sauf peut-être en ce qui concerne un point qui doit vous avoir frappé, à savoir, les frais généraux. Quoique composés de nombreux chapitres, ces frais ont été réunis dans un seul chiffre. La raison pour laquelle ce chapitre n'est pas détaillé doit être attribuée à ce qu'à peine deux ou trois jours se sont écoulés entre l'arrivée des comptes de l'Afrique et la publication du rapport. Le premier chiffre qui appelle l'attention est celui de 1,825 liv. st. 16 sh. 1 d. pour frais de poste et télégrammes, frais de banque et divers figurant sous la dénomination de « frais généraux », à Johannesburg. Ce chapitre comprend les dépenses suivantes encourues à Johannesburg : frais des câbles-grammes qui ont été très considérables à cause de la nécessité de donner des instructions et de recevoir des explications à propos de la faillite de la Banque des chemins de fer, de l'acquisition des claims d'Exner et de certains autres travaux. Il comprend aussi les frais de voyage, les notes du médecin et du pharmacien, les indemnités accordées aux veuves des ouvriers tués à la mine, les frais d'annonces, dépenses légales, pertes sur le change et les intérêts sur traites et emprunts. La plus grande partie de cette somme peut être considérée comme une dépense extraordinaire qui ne se présentera plus. Le chiffre suivant, qui demande des explications, comprend les frais généraux à Paris et à Londres pour 3,785 liv. st. 16 sh. 9 d., ce qui paraît considérable. La classification des sommes qui forment ce total n'est pas absolument correcte, attendu que la plus grande partie, 1,981 liv. st. 11 sh. 2d., représente en réalité des dépenses relatives à la constitution de la Société (dépenses qui ont été amorties dans le bilan), les frais de voyage des directeurs, etc., à Johannesburg, et les frais ayant trait à l'acquisition des mines et de la propriété de la « King Salomon Mining Company Limited ». Cette somme figurait à l'actif du bilan de l'année dernière. On l'a amortie totalement cette année. Le solde du chiffre de 3,785 liv. st. représente les dépenses encourues tant à Londres qu'à Paris, y compris les télégrammes, les frais de poste, le loyer des bureaux, le traitement de l'administrateur délégué et des secrétaires, les appointements des employés, les frais de voyage des employés de la Compagnie entre Londres et Paris, les frais des assemblées, la publicité, les intérêts, les frais légaux ainsi que les meubles et les fournitures de bureau. Une partie considérable de ces dépenses a été encourue par l'ancien conseil d'administration et une autre partie a été occasionnée par la faillite de la Banque des Chemins de fer.

Relativement à cette dernière, nous avons été obligés de prendre certaines mesures juridiques pour empêcher la remise d'un certain nombre d'actions à la Banque et nous espérons que ces procès nous permettront de recouvrer une partie de nos pertes.

La totalité de la dette de la Banque des Chemins de fer est d'environ £ 28,000 (700,000 francs) ; il faut espérer qu'en sus des recouvrements que nous effectuerons, grâce aux procédés légaux, nous recevrons un jour un certain dividende de la faillite, mais il est impossible de prédire quel sera le montant de ce dividende et, en présence de ce fait, nous avons amorti le montant total de la créance dans nos livres. On a prétendu que le dividende total de la faillite pourrait être de 10 0/0.

Il résulte de ce qui précède que le chapitre « rémunération des administrateurs » ne figure nulle part dans les comptes et, en effet, depuis leur nomination, les administrateurs n'ont absolument rien touché pour leurs services, auxquels on a eu pourtant souvent recours. Les statuts ne font mention d'aucune rémuneration; ce sont les actionnaires qui en déterminent le montant et, lors de la dernière assemblée ordinaire, on leur a alloué 5 0/0 sur les bénéfices. Nous serons heureux d'avoir votre avis à ce sujet. Sans la faillite de la banque, les bénéfices auraient dépassé £ 20,000 (500,000 fr.).

ASSEMBLÉE EXTRAORDINAIRE

L'assemblée ordinaire s'est alors transformée en assemblée extraordinaire à l'effet de prendre en considération le projet d'augmentation du capital de la Compagnie.

Le président lui soumet le contrat passé avec M. King, et le solicitor (M. Abraham) en explique les principaux points.

Le président propose ensuite la résolution portant le capital de la Société à liv. st. 135,000 par la création de 35,000 actions de liv. st.1 chacune, approuvant la convention passée provisoirement avec M. J. King, et autorisant les directeurs à la mettre à exécution.

La résolution est appuyée par M. Reis et adoptée à l'unanimité.

Conformément aux résolutions prises par l'Assemblée du 25 novembre 1892, 20,000 actions nouvelles sur les 35,000 créées, ont été mises en souscription au pair, les actionnaires anciens ayant seuls le droit de souscrire à raison d'une action nouvelle par *quatre* anciennes et les fractions n'étant pas admises. La présentation des titres au porteur anciens était exigée. La souscription a été ouverte le 18 novembre et close le 19 décembre 1892.

CHAPITRE II

ÉTUDE SUR LA SHEBA,
GOLD MINING COMPANY, LIMITED

CAPITAL

Liv. st. 650,000 ou 650,000 actions de liv. st. 1,

Emises 613,400   Non émises 36,600

OBLIGATIONS

Convertibles émises. . . . . Liv. st.	50.000
Non convertibles émises.	40.390
	90.390
Obligations rachetées ou converties.	32.160
Reste en circulation. . .	58.230

CONSEIL D'ADMINISTRATION

W. Garland Soper, président ; Capitaine W. N. Lister ; Arthur Chambers ; Henry Town.

NOMBRE DE CLAIMS

Sheba (sur la colline).	20
Dans la vallée (Low Level).	12
	32

DIVIDENDES PAYÉS DEPUIS LA RECONSTITUTION

1888 Juillet	2	. . . 6 d.	par action ou	2 1/2 0/0
1889 Juillet	25	. . . 1 sh.	—	5 0/0
1892 Janvier	1	. . . 1 sh.	—	10 0/0
1892 Mai	2	. . . 1 sh.	—	10 0/0
1893 Janvier	2	. . . 1 sh.	—	5 0/0

PRODUCTION DEPUIS LA DÉCOUVERTE

	Onces	Valeur
		Liv. st.
Production d'or de la découverte de la mine en 1886 au 31 décembre 1890.	51.129	203.215
Production du 4 mars 1891 au 30 novembre 1892. . .	55.293	217.358
Production des concentrés jusqu'au 30 septembre 1892.	4.583	16.331
Production totale de la mine de Sheba jusqu'au 30 novembre 1892	111.005	436.904

1° Historique.

La Sheba mérite la première place parmi les mines d'or sud-africaines, non seulement parce qu'elle est la première en date dans les grandes découvertes de l'or au Transvaal et que ce pays lui doit son prodigieux essor, mais encore parce qu'elle constitue aujourd'hui un modèle d'exploitation minière et que, après cinq ans de préparation, d'aménagements et d'installations, elle commence seulement à entrer dans la période des rendements dont la continuité et l'accroissement sont gagés sur toute une suite de dépenses, d'expériences et de patients efforts.

La découverte de cette merveilleuse propriété remonte au début de 1886. Depuis plus de cinq mois un chercheur d'or du nom de Edwin Bray fouillait les gorges et les collines aux environs de la colline de Sheba pour découvrir le gîte d'où pouvait provenir une grosse pépite qu'il avait trouvée dans une vallée voisine. A la fin d'une rude journée de recherches infructueuses, s'étant assis, désespéré, sur le versant de la colline de Sheba, il s'aperçut qu'il foulait à ses pieds un affleurement de quartz aurifère. Après avoir passé au creuset une petite portion de ce quartz, il obtint comme résultat de l'or fin. Cet or était disséminé dans l'intérieur de la pierre comme de la farine. Il en analysa ensuite de plus grandes quantités et put constater un rendement de 6 onces par tonne. Electrisé par ce résultat inespéré, il s'occupa immédiatement de la formation d'une Compagnie et émit 15,000 actions de £ 1 (25 francs) chacune.

Ces actions furent réparties entre quinze chercheurs d'or qui avaient fait cause commune pour exploiter la nouvelle découverte de leurs propres mains; chacun, de son côté, broyait le quartz dans de petits mortiers; on réunissait le soir le produit de la journée. Petit à petit on acheta 5 pilons, puis 10, puis 15, puis 20; on établit des amalgamateurs; on employait les rendements de chaque mois, moitié en distribution de dividendes et moitié en achat de matériel. Pas un centime de capital n'avait été apporté, et tout ce que possédait la Compagnie avant sa reconstitution en Compagnie anglaise avait été_tiré de la mine elle-même. C'est la meilleure preuve de sa richesse.

ANCIENNE COMPAGNIE SHEBA

La première Compagnie Sheba fut constituée, comme il vient d'être dit, sous les lois du Transvaal en janvier 1886, quelques mois après la découverte du gisement aurifère, avec un capital nominal de liv. st. 15,000 (375,000 fr.) divisé en 15,000 actions de liv. st. 1 (25 fr.) représentant l'apport de la propriété, mais ne comprenant aucun fonds de roulement.

Dès le début, des résultats extraordinaires furent obtenus. Avec les procédés les plus rudimentaires, les 15 actionnaires de la Sheba, qui étaient en même temps ses ouvriers, obtenaient jusqu'à 5 et 6 onces (de 450 à 550 fr.) par tonne de minerai.

La nouvelle de cette merveilleuse richesse se répandit avec rapidité dans toute l'Afrique du Sud et bientôt une folie de spéculation s'empara de tout le pays. En quelques mois les actions de 25 fr. de la Sheba montèrent jusqu'à 2,500 fr., soit 100 fois le capital primitif, ce qui était une exagération absurde pour une mine assurément très riche, mais aucunement préparée en vue d'une exploitation durable et rationnelle. Une réaction était fatale. Elle vint comme la hausse était venue, c'est-à-dire en quelques semaines, et en mars 1887 on vendait à 600 fr. les titres poussés précédemment à 2,500 fr.

Voici d'ailleurs les fluctuations des cours :

ANCIENNE COMPAGNIE SHEBA (CAPITAL LIV. ST. 15,000 ou 375,000 FR. EN ACTIONS DE LIV. ST. 1 (25 FR.)

Fluctuation des cours.

| Émission en janv. 1886 | Fr. | 25 | Mars 1887 . . . . . | Fr. | 600 |
| Fin . . . . 1886 | Fr. | 2.500 | Septembre. . . . . | Fr. | 1.000 |

Dividendes distribués.

De janvier 1886
à septembre 1887 . . . . . . 41.25 par action de 25 fr. ou 165 0/0.

Production aurifère.

	Tonnes broyées	Onces d'or
1886	1.225	8.892
1887 de janvier à septembre	1.985	7.797
	3.210	16.689

Soit une moyenne de 4 onces et 8 pennyweights à la tonne = 400 francs environ.

RECONSTITUTION DE LA SHEBA EN COMPAGNIE ANGLAISE

Cependant le manque de fonds de roulement se faisait vivement sentir. On avait bien décidé en juin 1887 la création de 1,000 actions nouvelles qui avaient été vendues en bloc à un syndicat pour 800,000 fr., on avait bien prélevé sur les bénéfices l'acquisition d'une batterie de 20 pilons et d'une concession d'eau d'une valeur de 200,000 fr.; mais tout cela était insuffisant pour développer convenablement une mine de cette importance.

C'est alors qu'on accepta les propositions d'un groupe de financiers anglais qui firent voter la reconstitution de l'ancienne Compagnie en une Compagnie anglaise sous le nom de *Sheba Gold Mining Company*, la Compagnie actuelle.

Cette Compagnie a été enregistrée à Londres avec un capital nominal de 600,000 liv. sterl. (15,000,000 fr.) en actions de 1 liv. st. (25 fr.). Les actionnaires anciens reçurent 33 actions nouvelles et eurent de plus le droit de souscrire à 3 actions nouvelles au pair par action ancienne, ce qui constituait pour eux une magnifique opération, puisque les actions nouvelles de 25 fr. étaient alors cotées 40 fr. En somme, l'action primitive de 25 fr., augmentée de la souscription à 3 actions nouvelles, formant une mise de fonds nominale de 100 fr., représentait alors au cours du jour 1,440 fr. Il n'y a certes que les mines d'or qui soient susceptibles de donner de semblables profits.

2° Description de la propriété.

Le plan ci-joint (page 151) est une section verticale de la colline de Sheba et du sous-sol. Il montre la carrière (*quarry*) et le point où l'or a été trouvé pour la première fois dans cette carrière (*gold first struck at this point**); il fait voir les travaux miniers exécutés, les travers-bancs s'ouvrant aux flancs de la colline ou dans le puits incliné (*incline shaft*) à différents niveaux (*level*), les galeries de communication entre les niveaux (*vinzes*), les chantiers d'abatage en exploitation (*stopes*), la chute à l'air libre (*open chute*) pour faire tomber le minerai aux niveaux inférieurs. Du toit du filon (*line of hanging wall*) ou quartzite, jusqu'au mur du filon (*line of foot wall*) ou ardoise, on voit (au-dessous du travers-banc du troisième niveau) que le filon à ce point a une épaisseur de 170 pieds (*reef at this point 170 feet wide*).

La petite figure montre le plan des travaux au-dessous du sol et le puits incliné qui viendra intersecter le puits vertical percé dans le sol de la vallée (*Sheba low level shaft*) à une profondeur verticale de 671 pieds. On voit également le moteur électrique (*electrical hoisting plant*) qui actionnera les appareils élévateurs dans le puits vertical et dans le puits incliné.

Nous avons dû faire réduire photographiquement le plan publié par la Compagnie au format de notre brochure; c'est malheureusement au détriment de sa clarté. Toutefois avec une loupe il est encore possible de lire les indications en anglais dont nous donnons la traduction ci-dessus.

Le filon de la Sheba se présente comme une énorme tranche aux flancs d'une colline faisant face au sud; ce filon affleure à la surface à

environ 90 mètres verticalement au-dessus du sol de la vallée. De ce
point, il s'enfonce avec un pendage d'environ 52 degrés vers le sud en
suivant à peu près le flanc de la colline, et pénètre dans le sol de la
vallée jusqu'à une profondeur que les travaux actuellement exécutés n'ont
pas encore pu délimiter.

Du point où il affleure jusqu'au niveau de la vallée, es dimensions du
filon paraissent être très approximativement les suivantes :

Longueur inclinée.	200 mètres environ
Épaisseur moyenne perpendiculairement au flanc de la colline (du toit au mur). . . .	20 » »
Largeur moyenne	50 » »
Soit un cube d'environ	200,000 tonnes.
Quantité approximative de tonnes exploitées depuis la découverte	60.000 —
Reste à extraire au-dessus du sol	140.000 tonnes.

A partir du sol de la vallée, un puits incliné a été percé en suivant le
toit du filon (paroi extérieure). Le plan général de l'ingénieur de la mine
est de foncer ce puits jusqu'à une profondeur en pente de 715 pieds
environ (238 mètres), point où on doit rencontrer l'intersection d'un puits
vertical percé d'autre part dans le sol de la vallée à une certaine distance
du pied de la colline et dans l'axe du puits incliné. (Voir le plan.)

Depuis le commencement des travaux, le puits incliné n'a pas cessé
de suivre le filon avec des teneurs variées, et le 2 novembre 1891, à la profondeur en pente de 230 pieds, il entrait dans une couche particulièrement
minéralisée (*rich shoot ore*) composée de minerai pyriteux décomposé
laissant l'or à l'état libre et très facile à travailler. D'après les ingénieurs,
toutes les indications tendent à faire croire que le riche filon se continue
encore à une grande profondeur.

Si ces prévisions se réalisent et si les dimensions du filon restent les
mêmes dans le sous-sol que au-dessous du sol, on aurait donc dans le
sous-sol un cube de minerai riche d'environ. . . . .   500.000 tonnes.
Minerai au-dessus du sol. . . . .   140.000   »

Total . . . .   640.000 tonnes.

D'autre part le bénéfice net de l'exploitation en 1891 et 1892 s'est élevé
en moyenne à 70 fr. par tonne de minerai traité. Si la masse du minerai
devait se maintenir toujours à la même teneur, les 640,000 tonnes ci-
dessus représenteraient un bénéfice de plus de **44 millions de francs,**
c'est-à-dire près de 75 fr. par action.

Le filon de Sheba, lors de sa découverte, a d'abord été exploité à
l'endroit où il affleurait au flanc de la colline (200 mètres en pente au-

Section verticale de la colline de Sheba et du sous-sol
montrant la disposition des travaux miniers.

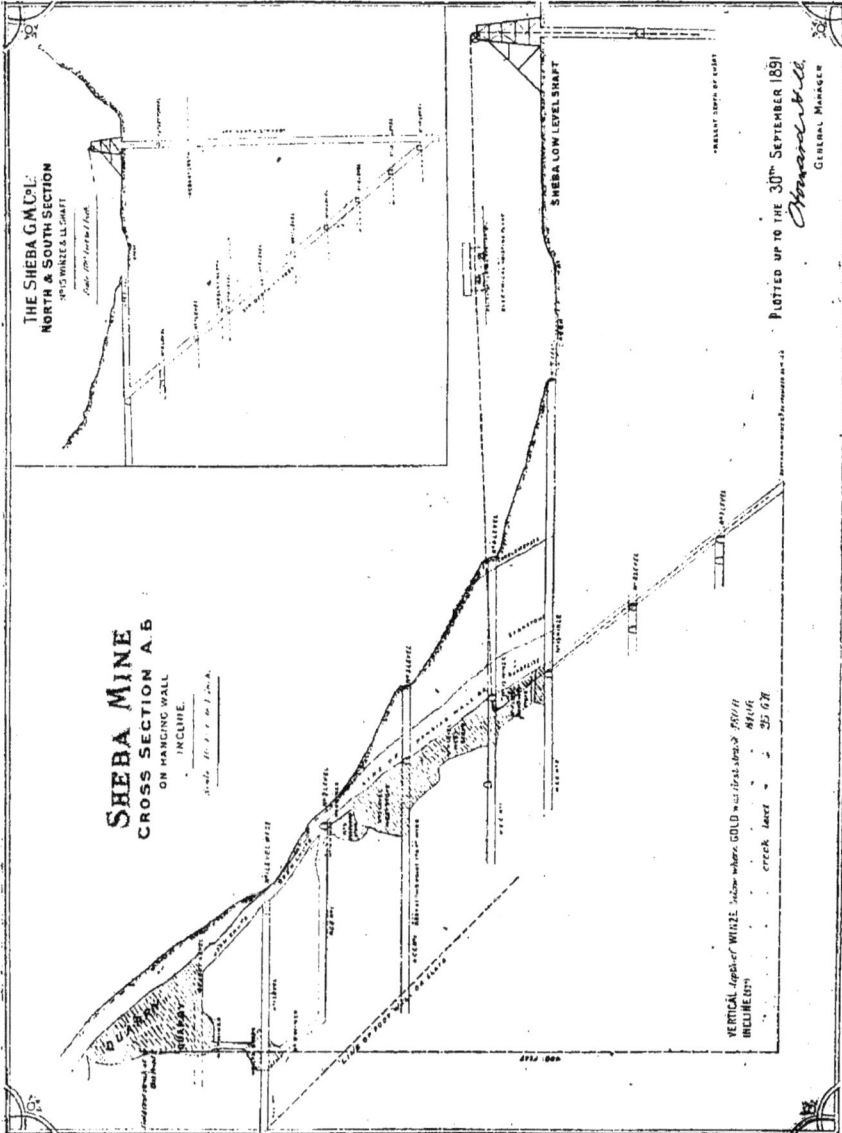

Fig. 15.

dessus du niveau de la vallée), comme une carrière à ciel ouvert. Puis on
a successivement percé, à différents niveaux et perpendiculairement aux
flancs de la colline, des galeries horizontales, s'ouvrant à l'air libre. De
la carrière au sol de la vallée, il existe cinq galeries dont la cinquième
est au niveau même de la vallée. (Voir le plan.)

Le minerai abattu aux différents niveaux, qui sont reliés entre eux par
des espaces vides, tombe dans la cinquième galerie, d'où il est transporté
dans des wagonnets sur rails jusqu'au tramway aérien (système de bennes
allant et venant sur un câble double) (1), d'une longueur de 3 milles environ, qui aboutit à la batterie de 60 pilons, en passant par-dessus une
colline derrière laquelle se trouve cette batterie sur le bord de la Queen's
River, qui fournit en quantité nécessaire l'eau indispensable au traitement du minerai.

Au-dessous du sol de la vallée, le puits incliné est également coupé de
distance en distance par des galeries horizontales pénétrant dans
l'épaisseur du filon. Le nombre de ces galeries dans le sous-sol s'élèvera à
9, formant avec les cinq galeries au-dessus du sol 14 chantiers d'abatage
permettant d'obtenir un mélange régulier des minerais de différentes
teneurs. Le minerai du sous-sol sera amené à la surface au moyen de
treuils actionnés par l'électricité.

Richesse du minerai et frais d'exploitation.

On a vu plus haut que le minerai de la Sheba a rendu au début jusqu'à
quatre et cinq onces à la tonne. Mais il est probable que, à cette époque,
on ne traitait que du minerai trié, c'est-à-dire déjà débarrassé à la main
des parties stériles.

Pendant presque une année, de 1890 à février 1891, les broyages ont
été interrompus par suite de la difficulté et des dépenses de transports
du quartz à la batterie au moyen de chariots attelés de bœufs qui
devaient faire un détour de plus de dix kilomètres. C'est pour obvier à
cet inconvénient que le tramway aérien, dont il est question plus haut,
a été construit.

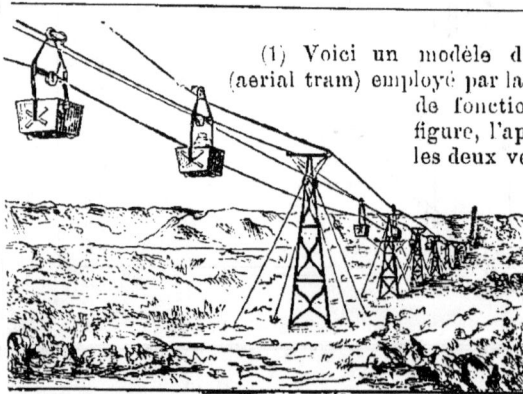

(1) Voici un modèle du système de tramway aérien
(aerial tram) employé par la Compagnie Sheba. Mais, au lieu
de fonctionner à plat, comme dans cette
figure, l'appareil de la Sheba est établi sur
les deux versants d'une colline élevée que
les seaux chargés de minerai
doivent franchir pour alimenter la batterie située sur
le versant de la colline oppo-
sé à celui de la mine.

Aussitôt son achèvement, les broyages ont repris le 4 mars 1891 et le traitement du minerai tout venant depuis cette époque donne une idée juste de la richesse moyenne de la mine.

Voici le tableau des broyages mensuels pour neuf mois de 1891, avec les 60 pilons qui n'ont pas cessé de fonctionner d'une manière irréprochable; ce tableau est extrait du rapport annuel arrêté au 30 novembre 1891. L'once d'or vaut 91 francs :

1891.	Tonnes de quartz broyées	Onces d'or extraites.
Mars.	1.000.	620
Avril.	1.057.	1.061
Mai.	2.640.	2.882
Juin.	2.040.	2.628
Juillet.	2.300.	2.665
Août.	2.900.	3.600
Septembre.	2.860.	3.402
Octobre.	2.750.	3.190
Novembre.	3.240.	3.730
	20.787.	23.718

		Valeur en francs
Soit une moyenne par tonne de . . .	1 once 2 dwts 19 gr. $=$	104 fr.

Frais d'exploitation

Abatage.	11 sh. 0 d.	
Transport.	1 sh. 11 d.	
Broyage.	9 sh. 9 d.	
Frais génér.	2 sh. 3 d. $=$ 1 l. st. 4 sh. 11 d $=$ 31 fr.	

Bénéfice par tonne. . . . . 73 francs (1)

On trouvera les résultats de l'exercice 1892 dans le rapport du conseil d'administration dont nous publions plus loin la traduction.

---

(1) L'arrivée prochaine du chemin de fer à Barberton par le moyen d'un embranchement partant de la ligne de Delagoa Bay à Pretoria trouvera la mine de Sheba *développée* jusqu'au huit ou neuvième niveau et préparée par conséquent à fournir une extraction énorme, dès que les machines pourront être alimentées avec du charbon au lieu de bois actuellement employé. Le chemin de fer abaissera également le prix de la main-d'œuvre et des frais d'exploitation de toute nature. Il est hors de doute que, à ce moment, le mine de Sheba se placera aux premiers rangs parmi les exploitations aurifères du **Transvaal**.

3° **Rapport du Conseil d'Administration.**

Pour l'Exercice finissant le 30 septembre 1892. (Traduction.)

La situation de la Société, au 18 janvier 1889, a été exposée dans le rapport des directeurs, en date du 9 juillet 1889. En examinant les principaux points de ce rapport, on verra qu'à Figtree Creek il y avait alors 20 pilons en réparation et qu'à Queen's River on avait reçu 10 nouveaux pilons qui cependant n'étaient pas encore installés. Une prise d'eau avait été établie à Queen's River, quoique — il faut l'avouer — la Société ne s'était assuré aucun droit à cette prise d'eau. Le quartz était transporté en chariots à Figtree Creek à raison de 30 sh. par tonne en vertu d'un contrat spécial. Deux procès étaient en cours à cette époque.

Actuellement, 60 pilons fonctionnent à Queen's River, et on installe 5 pilons à la mine. Les travaux de rectification de la prise d'eau ont été achevés et la Société a acquis du gouvernement le droit de se servir des eaux. Le quartz est transporté par un tramway aérien d'une longueur de 2 3/4 milles, au prix d'environ 2 sh. 3 d. par tonne. Les procès se sont terminés par un arrangement à l'amiable.

Les directeurs sont heureux de pouvoir déclarer aux actionnaires que les difficultés ayant existé en 1889 ont été éliminées en 1892 et que la propriété de la Société a été agrandie par l'acquisition du domaine connu sous le nom de Sheba Low Level.

SITUATION FINANCIÈRE

Comptes. — Les directeurs ont l'honneur de soumettre aux actionnaires les comptes vérifiés et le bilan pour l'année close le 30 septembre 1892.

L'attention des directeurs est toujours dirigée vers la question de l'obtention de la cote officielle pour les actions de la Société.

Obligations. — Depuis la publication du dernier rapport, en date du 7 décembre 1891, les directeurs ont acheté pour liv. st. 5.850, au prix de liv. st. 100, d'obligations non convertibles. Le montant total des obligations rachetées pendant l'année financière close le 30 septembre 1892 représente donc liv. st. 13.060.

Au 27 juin 1892, liv. st. 5.500 en obligations convertibles et liv. st. 4.500 en obligations non convertibles — soit en tout liv. st. 10.000 — sont sorties au tirage pour être remboursées le 1er janvier 1893. Une partie de ces obligations convertibles a été convertie en actions et une partie des obligations non convertibles a été rachetée par la Compagnie au prix de liv. st. 100, comme nous l'avons déjà dit. Il reste donc un solde de liv. st. 6.060 que le conseil d'administration se propose de rembourser le 1er janvier 1893.

Dividendes. — Deux dividendes de 5 0/0 chacun ont été payés aux actionnaires, ce qui représente 10 0/0 pour l'année.

MINE

L'exploitation au-dessus du cinquième niveau a été et est toujours très satisfaisante. Les appareils élévateurs actionnés par l'électricité viennent d'être installés. En ce qui concerne les détails sur la mine, les directeurs renvoient les actionnaires au rapport très complet et très bien fait du « General Manager ».

BATTERIE

La quantité de quartz broyée par la batterie de 60 pilons de la Société, à Queen's River, durant les derniers douze mois et l'or obtenu, se répartissent comme suit :

	Quartz broyés	Quantité d'onces produites	Valeur de la production
	Tonnes	Onces dwts grs.	Liv. st. sh. d.
1891 Décembre...........	3.400	3.591 10 14	14.324 0 7
1892 Janvier..........	3.380	3.415 16 11	13.513 18 4
— Février............	2.900	3.013 1 13	11.880 14 3
— Mars......	3.300	3.032 2 21	11.804 1 5
— Avril.... ...	4.420	3.400 12 13	13.446 4 8
— Mai........	2.800	2.792 7 6	10.991 3 1
— Juin.	2.750	2.490 19 14	9.788 5 10
— Juillet....	3.000	2.626 6 14	10.387 2 0
— Août......	12.65	1,302 13 8	5.319 0 11
— Septembre..........	2.625	2.446 2 16	9.737 6 11
— Octobre............	1.980	1.461 0 0	5.805 0 0
— Novembre....	1.990	2.000 0 0	7.950 0 0
	32.730	31.572 13 10	124.938 18 0

La production moyenne d'or par tonne de quartz broyée durant le dernier exercice, jusqu'au 30 septembre 1892, a été de 1 once 0 dwts 2 grs. Les frais d'extraction ont été de 10 s. 1 d. par tonne; les frais de transport de 2 s. 3 d.; les frais de broyage de 11 s. 5 d. et les frais généraux, non compris l'amortissement, de 2 s. 1 d. par tonne. Le coût total a donc été de liv. 1, 5 s. 10 d. par tonne.

En dehors du stock de concentrés en existence à la date du dernier rapport, savoir 287 tonnes. 573 tonnes ont été produites pendant l'année financière close le 30 septembre 1892, ce qui représente un total de 860 tonnes. Sur ce stock, 540 tonnes ont été soumises au traitement et ont produit 4.583 onces ou la somme de liv. st. 16.330.

On procède en ce moment à l'établissement à la mine de cinq pilons destinés aux travaux de prospection. Ce petit moulin permettra au General Manager de faire des essais sur la richesse du quartz qui sera mis à découvert dans l'avenir.

INSTALLATION ÉLECTRIQUE

Elle consiste : 1° en deux moteurs (Société électrique Brusch) réunis, fournissant une force de 50 chevaux et destinés à élever les charges autant du puits vertical que du puits incliné : 2° en deux autres moteurs réunis fournissant une force de 25 chevaux et destinés à faire fonctionner le grand concasseur et un petit élévateur. L'installation électrique a été mise en marche le 1er octobre 1892 et a fonctionné sans interruption pendant 14 jours en épuisant l'eau du puits jusqu'au 7e niveau; mais le 18 octobre 1892, elle s'est brisée et on a été obligé de faire venir de nouvelles armatures qui sont actuellement en route. On installera aussi une machine à vapeur à titre de réserve afin de prévenir toute interruption dans le fonctionnement de l'appareil élévateur.

PRISE D'EAU

La prise d'eau avec barrage est l'objet d'une surveillance constante et des réparations ont lieu aux endroits endommagés.

TRANSPORT

Une année s'est de nouveau écoulée et le conseil d'administration ne peut que répéter ce qu'il a dit dans son dernier rapport, à savoir : « La question du transport est le seul point de l'exploitation qui présente des difficultés et qui constitue pour les directeurs une cause de mécontentement. »

Un tramway aérien a été construit, non parce qu'on a choisi ce mode, mais parce que la nécessité l'obligeait; le plan et le devis en ont été préparés par M. Kriekhaus, l'ingénieur qui se trouvait sur place et qui agissait alors en qualité de représentant de M. Pohlig; ils n'ont nullement été modifiés par vos directeurs. Mais après une année d'exploitation il a été reconnu que ce système n'avait pas été construit assez solidement et deux de vos directeurs se sont personnellement rendus à Cologne pour s'entendre sur la question avec M. Pohlig et, si faire se pouvait, remédier à cet état de choses. Des matériaux de consolidation ont été expédiés le 21 octobre 1892. Sur la colline n° 1, des barres de fer ont été établies et le résultat en a été des plus satisfaisants. Sur la colline n° 2, 18 colonnes supplémentaires et 660 pieds de rails devront être placés; sur la colline n° 3, 6 colonnes supplémentaires et 200 pieds de rails et sur la colline n° 4, 3 colonnes et 130 pieds de rails. En dehors de ces travaux, des supports supplémentaires seront érigés en différents endroits en même temps qu'on installera un nouveau système perfectionné de câble. Ces travaux prendront nécessairement du temps et entraîneront des interruptions dans l'exploitation. Le tout ne sera pas fini avant le mois de février 1893. Le Général Manager ainsi que le conseil d'administration sont convaincus qu'une fois ces travaux terminés, l'exploitation du tramway donnera des résultats satisfaisants.

TAILINGS (*Résidus*)

Toutes les clauses du contrat passé avec W. Trubshawe Esqre, ont été exécutées. Conformément aux clauses de la convention, le Conseil a prié la Refractory Ores Co d'enlever son installation de la propriété Sheba.

Le Stock actuel, d'environ 40.000 tonnes de tailings, augmente nécessairement tous les mois et la Société est sur le point de conclure une convention avec la African Gold Recovery Company Limited, pour l'établissement d'une usine de traitement pour 5,000 tonnes par mois. Les tailings seront traités par la Sheba Company, moyennant une redevance de la African Gold Recovery Company Limited.

Bilan au 30 septembre 1892.
Passif.

		liv. st.	sh.	d.
Capital actions	£ 650.000			
— Non émis.	43.200	606.800	0	0
Capital obligations émis	£ 90.390			
— Rachetées ou converties	23.980	66.410	4	7
Créditeurs divers du Transvaal		1.659	9	3
Salaires en cours		2.831	12	9
Créditeurs divers à Londres		2.964	9	2
Effet à payer (payé le 10 oct. 92)		5.300	0	0
Balance au compte général de Profits et pertes. .		35.159	16	7
		£ 721.125	12	4

Actif.

	liv. st.	sh.	d.
Propriété de la mine	525.990	2	10
Travaux de développement	6.000	0	0
Matériel électrique	5.838	6	6
Matériel élévateur	2.390	14	2
Tramway aérien	35.000	0	0
Prise d'eau Queen's River	8.803	3	0
— Barrage —	23.187	0	0
— — Fig Tree Creek	400	0	0
Emplacement de la batterie Queen's River	9.817	4	2
Réservoir à Queen's River	5.519	18	5
Matériel et machines	37.937	19	4
Bâtiments	4.236		
Machines en transit	2.417	2	2
Marchandises en magasin	5.465	10	11
Mobilier à la mine et à Londres	613	0	6
Stock de quartz, concentrés, tailings :			
Quartz, 377 tonnes à £ 1	377	0	0
Concentrés, 52 t. à £ 20	1.040	0	0
Tailings, 39.700 tonnes	mémoire		
Or en transit (réalisé depuis)	14.886	7	10
Concentrés en transit (réalisés en partie depuis)	5.400	0	0
Débiteurs divers à Londres	14.408	1	1
Espèces en caisse à Londres	11.309	9	6
— à Eureka City	456	6	4
	£ 721.125	12	4

4° Extraits du Rapport du directeur de la mine

Pour l'exercice clos le 30 septembre 1892. (Traduction.)

Le 1er octobre 1892.

Messieurs,

J'ai l'honneur de vous soumettre le rapport suivant sur le mouvement d'exploitation de la Société pendant l'année close le 30 septembre 1892.

Résultat de l'exploitation.

Compte d'or :

	Onces.	dwts.	gr.
Or produit par la batterie	35.034	5	4
— — les concentrés.	4.448	0	0
Total.	39.482	5	4

Teneur moyenne par tonne de minerai sur 34,830 tonnes :

	oz.	dwt.	gr.
Par la batterie	1	0	2.814
Par les concentrés.	0	2	13.298
Total.	1	2	16.112

Observation. — L'or obtenu des concentrés provient de la vente de 530 tonnes en Angleterre, contenant environ 8 onces 7 dwts 20 gr. par tonne, et comme il reste encore en mains 44 tonnes de la production totale de l'année, nous trouvons (en estimant que ce reliquat est de la même qualité) que la production moyenne de l'année a été de *1 once 2 dwts 21 grs.* par tonne, non compris les « tailings » sur lesquels nous réaliserons certainement des bénéfices durant l'année courante.

Dépenses minières. — Nombre de tonnes amenées à la surface et transportées par le tramway 33.711
Nombre moyen de tonnes par mois 2 809

Coût moyen par tonne :

	sh.	d.
Salaires	6	9.382
Matériaux, explosifs, outils, charbons, etc.	2	6 428
Réparation, entretien et frais divers.	0	9.283
Total par tonne.	10	1.093

Observation. — Dans les deux premiers chapitres se trouvent compris les travaux de développement pratiqués pour l'extraction du minerai.

Les travaux d'exploration ont été portés au compte du capital. La moyenne des frais accuse une diminution de 11 d. par tonne sur mon dernier rapport.

Frais de transport. — Nombre de tonnes livrées à la batterie : 34,934. — Moyenne par mois, 2,911 tonnes. — Prix moyen par tonne : 2 sh. 3,255 d.

Frais de broyage. — La batterie à 60 pilons a marché pendant 291 jours ou en moyenne 24 1/4 jours par mois. Il a été broyé 34,830 tonnes de 2,240 livres ou en moyenne 2,902 tonnes par mois, soit 1,90 tonnes par pilon et par jour.

	sh.	d,
Coût moyen par tonne :		
Salaires	4	5.880
Matériaux, combustibles, etc	2	2.002
Réparation et entretien.	0	10.632
Dépenses diverses, telles que séchage, triage des concentrés, réparation, entretien, etc	3	10.717
Total par tonne.	11	5.231

Le coût moyen du broyage dépasse de 3 s. 5 d. par tonne les frais de broyage qui figuraient dans mon rapport de l'année dernière. Ce fait doit être attribué : 1° aux frais importants du séchage, du triage et du transport en Angleterre des 798 tonnes de concentrés qui représentent environ 3 s. par tonne de minerai broyé ; 2° aux frais de magasinage de la grande quantité de tailings dans des réservoirs, et à 3° l'incapacité du tramway d'alimenter régulièrement la batterie.

Frais généraux. — Ils comprennent les salaires du General Manager et des employés, l'assistance médicale, les assurances, frais de bureau, etc. Coût moyen par tonne 2 sh. 1,288.
Coût total par tonne pour l'année écoulée, liv. st. 1, 5 sh. 10.817 d.
34,820 tonnes broyées : Production 39,364 onces.

CONCENTRÉS

	Tonnes.
En mains, à la batterie, au 1er octobre 1891.	277
Production de l'année.	573
	850
Vendu en Angleterre durant l'année.	530
	320
En route pour l'Angleterre.	268
Existence à la batterie, le 1er octobre 1892.	52
Pourcentage de concentrés obtenu par tonne de minerai broyée.	1.645 0/0

Observation. — L'expérience faite avec l'expédition des concentrés en Angleterre a été très satisfaisante, et tant que le prix du transport se maintiendra au niveau actuel, ce système est plus avantageux que celui d'établir ici une usine pour leur traitement.

	Tonnes.
Tailings. — Existence à la batterie au 1er octobre 1891.	11.000
Production de l'année.	28.000
Existence à la batterie au 1er octobre 1892.	39.000

Observation. — L'installation provisoire établie par la « Refactory ores Reduction Company » a traité plus de 200 tonnes de tailings pendant les derniers six mois ; mais étant à court de cyanure de potassium, cette Société a dû suspendre ses travaux. Je ne publierai donc mon appréciation sur le résultat de ce procédé que quand la Société aura terminé le traitement du nombre de tonnes stipulé, ou qu'elle aura enlevé son installation.

Les tailings que nous avons actuellement en mains et qui sont portés pour mémoire dans l'actif de la Société se perdent et se détériorent graduellement par la pluie et le vent.

Travaux miniers

Développement total au 1er octobre 1892 :

	Galeries	Puits
Total avant le 1er octobre 1891	5.087 pieds	1.015 pieds
Pendant l'exercice 1891-92.	379	169
Total au 1er octobre 1892.	5.466	1.184

Observation. — Durant l'année dernière, le travail de développement a été limité à la partie inférieure de la mine; les travaux au-dessus du niveau n° 5 n'ont été faits que pour faciliter les travaux d'abatage. Maintenant que nous possédons un appareil élévateur, nous comptons développer énergiquement le sol au-dessous du n° 5.

Observations générales. — Quoique nos travaux de développement aient été très limités pendant l'année dernière, ils ont cependant répondu à nos besoins et quoique le quartz abattu n'ait pas donné partout du minerai productif, on a cependant pu constater que le gisement s'étend à une plus grande distance, tant à l'est et à l'ouest qu'en profondeur, que nous ne le supposions.

D'autre part, nos travaux d'abatage ont démontré que l'épaisseur du filon était de 60 pieds, à partir du toit, au nord, soit le double de la largeur présumée et constatée jusqu'à présent.

En examinant les plans de la mine, on verra que la largeur du filon à la carrière est de 130 pieds; au niveau n° 2, de 200 pieds; au niveau n° 4, de 350 pieds et en partant de la galerie de descente n° 21 (qui se trouve à 55 pieds au-dessous du niveau n° 5, à l'extrémité ouest) pour aboutir au puits n° 22 (qu'on creuse du niveau n° 4 au niveau n° 5, à l'extrémité Est), nous trouvons que le gisement s'étend sur un parcours de 500 pieds.

L'élargissement croissant de notre filon depuis la carrière jusqu'au bas de la colline, nous donne toute raison de penser que nous avons une mine aussi riche dans le sol de la vallée qu'au-dessus.

Si un malencontreux accident n'était pas arrivé à notre transmission électrique, nous aurions poursuivi nos travaux de creusement du puits incliné et, en prolongeant les galeries à l'est et à l'ouest dans les niveaux inférieurs — ce que nous comptons faire dans une quinzaine — nous aurions constaté la richesse de la mine dans ses couches inférieures.

Les travaux d'abatage de l'année dernière ont prouvé que nous ne nous sommes pas trompés sur le caractère de la mine. Le minerai n'est pas d'une richesse uniforme. Quelquefois il est riche, quelquefois pauvre, mais tel qu'il est abattu, tel il va au moulin, et le fait d'avoir rendu en moyenne *une once et trois dwts* par tonne pendant les derniers 18 mois semble être un indice pour l'avenir de la mine.

FIN

Paris. — Soc. anon. de l'Imp. des Arts et Manufactures et DUBUISSON, 12, rue Paul-Lelong. — M. Barnagaud imp.